CHRISTOPH SPÖCKER

# CHRISTIAN STREICH

## – KLEINE ANEKDOTEN AUS DEM LEBEN DES KULTTRAINERS –

riva

**Bibliografische Information der Deutschen Nationalbibliothek**
Die Deutsche Nationalbibliothek verzeichnet diese Publikation in der Deutschen Nationalbibliografie. Detaillierte bibliografische Daten sind im Internet über https://dnb.de abrufbar.

**Für Fragen und Anregungen**
info@m-vg.de

**Wichtiger Hinweis**
Ausschließlich zum Zweck der besseren Lesbarkeit wurde auf eine genderspezifische Schreibweise sowie eine Mehrfachbezeichnung verzichtet. Alle personenbezogenen Bezeichnungen sind somit geschlechtsneutral zu verstehen.

Originalausgabe
3. Auflage 2026

Türkenstraße 89
80799 München
Tel.: 089 651285-0



Redaktion: Ulrich Korn
Umschlaggestaltung: Sonja Stiefel
Umschlagabbildung: IMAGO / PanoramiC
Satz: Carsten Klein
Druck: Florjancic Tisk d.o.o., Slowenien
Printed in the EU

ISBN Print 978-3-7423-2782-6
ISBN E-Book (PDF) 978-3-7453-2593-5
ISBN E-Book (EPUB, Mobi) 978-3-7453-2594-2

PRODUZIERT MIT VERANTWORTUNG

Weitere Informationen zum Verlag finden Sie unter

**www.rivaverlag.de**

Beachten Sie auch unsere weiteren Verlage unter www.m-vg.de

# Inhalt

# Vorwort

»Ganz unsexy simmer net.«

*Christian Streich*

Es sind Aussagen wie diese, die Christian Streich zu Beginn seiner Trainerkarriere die Aufmerksamkeit der Presse einbringen. Doch zur Person Streich gehört viel mehr als nur augenzwinkernde Kommentare. Er ist ein bemerkenswerter Fußballtrainer, gewiss, aber er ist zugleich Bezugsperson für seine Spieler, zeigt sich als vielseitig interessiert in allen Lebensbereichen und wird von manchen sogar als Philosoph gesehen, auch wenn er partout keiner sein will.

Als der kleine Christian am 11. Juni 1965 in Weil am Rhein das Licht der Welt erblickt, ahnt wohl niemand, zu welch großen Aufgaben der Badener später berufen werden soll. Aufgewachsen in Eimeldingen, einem Dorf in der südbadischen Provinz, entdeckt Christian Streich hier auf dem örtlichen Bolzplatz, fernab des Hochglanzes von Profisport und Millionenverträgen, seine Liebe für den Fußball. Gut

60 Kilometer trennen ihn von seiner späteren Wirkungsstätte Freiburg im Breisgau.

In der Jugend erweist er sich als Talent und wird vom Trainer des Freiburger FC Lutz Hangartner mit 19 Jahren in die erste Mannschaft berufen. Damals gestaltet sich der Profifußball noch etwas anders als heute und der spätere Freiburg-Trainer macht parallel zum Fußballalltag eine Ausbildung und setzt sogar noch ein Lehramtsstudium obendrauf, doch als Lehrer gearbeitet hat er nie.

Das Leben hat andere Pläne für den Badener. Noch während seiner Profikarriere schlägt Streich die Laufbahn eines Fußballtrainers ein und gibt sein Wissen an junge, talentierte Kicker weiter. Anfangs noch im Jugendbereich des SC Freiburg tätig und damit vollauf zufrieden, wird er 2012 zu den Profis des Sportclubs berufen. Bescheiden, wie er ist, wehrt er sich zuerst gegen das Angebot von SC-Präsident Fritz Keller. Letztlich gibt sich Streich aber dem Werben seines Präsidenten geschlagen und übernimmt den Posten des Freiburger Cheftrainers, den er zwölf Jahre lang bekleiden soll.

Es ist eine lange Zeit, gespickt mit unfassbaren Erfolgsmomenten, unterbrochen von so manchem Tiefpunkt, die Streich bei seinem Herzensverein erlebt. Als er im Frühjahr 2024 seinen Rücktritt erklärt, macht sich Traurigkeit in den Reihen des Sportclubs und unter den Streich-Fans in ganz Deutschland breit, aber so ist das nun mal, kein Trainer bleibt ewig im Amt. Das gilt auch für Christian Streich.

Auf die Frage, was nach der Karriere kommt, antwortet Streich, er wolle gern praktische Arbeiten ausführen. Als leidenschaftlicher Radfahrer möchte er lernen, wie man Fahrräder repariert. So mancher legt dem Freiburger Headcoach nahe, er solle doch in die Politik gehen. Schließlich beweist er mit seinen Aussagen zu den unterschiedlichsten Themen des Weltgeschehens immer wieder Einfühlungsvermögen und Weitsicht; Eigenschaften, die ein Politiker gut gebrauchen kann. Davon will Streich momentan aber nichts wissen. Er geht erst einmal in die wohlverdiente Pause nach all den Jahren höchster Anspannung als Profitrainer. Und er ist sich sicher: Er braucht nur ein paar Tage, dann ist er schon weit weg vom Fußballalltag und mit den Gedanken ganz woanders.

Sein Verein und die Fans werden ihn und seine einzigartige Persönlichkeit trotzdem vermissen, schließlich hat er in seiner Zeit als Trainer des SC Freiburg nicht nur gezeigt, dass auch ein kleiner Club ganz großen Fußball spielen kann. Streich hat die Menschen in diesem Land immer wieder mit Geradlinigkeit, Empathie, Humor und Emotionalität begeistert. Es sind die Geschichten rund um ihn und seine Mannschaft, die seine Fans stets aufs Neue in Hochstimmung versetzen. Einige davon finden sich in diesem Büchlein und tragen vielleicht dazu bei, dass der große Trainer und der noch größere Mensch Christian Streich seinen Anhängern noch lange im Gedächtnis bleibt.

## Explosiv

Christian Streich ist berühmt für seinen Humor und seine schlagfertige Art, die er besonders in Pressekonferenzen zum Einsatz bringt, sowie für seinen Tiefgang und für sein Temperament. Der ehemalige Kulttrainer des SC Freiburg besucht im kleinen Eimeldingen im Landkreis Lörrach die Grundschule und unternimmt hier als Knirps seine ersten fußballerischen Versuche. In Eimeldingen befand sich auch die Metzgerei seiner Eltern. Das Haus steht heute noch, doch den Fleisch- und Wurstbetrieb hat die Familie Streich 1992 eingestellt.

Dass es in einer Metzgerei durchaus mal ruppig zugehen kann, ist keine Seltenheit, und so ist es bisweilen auch im Hause Streich. Wenn im elterlichen Betrieb die Fetzen fliegen, sucht der junge Christian des Öfteren seinen persönlichen Ruheort auf. Zum Glück liegt der gar nicht weit entfernt, er muss nur die Straße überqueren und schnurstracks ins »Gasthaus Löwen« gehen, wo er seinen Onkel Fritz, den Wirt der Dorfgaststätte, besucht. Die Liebe zum Fußball verbindet die beiden schon früh, der passionierte FC-Bayern-Fan und Gastwirt hat stets einen freien Platz für Christian und natürlich bekommt der Junge hier obendrein etwas Gutes zu essen.

Streich erinnert sich noch gut an die damalige Zeit, und obwohl er im Gasthaus des Onkels zwischendurch etwas Ruhe findet, geht es dort mitunter hektisch zu. Schließlich spielt sowohl in der Metzgerei als auch in der Küche des »Gasthaus Löwen« Qualität eine zentrale Rolle und die Arbeit muss schnell gehen. Folglich herrscht ein rauer Ton und es kommt durchaus vor, dass mal eine Pfanne oder andere Gegenstände durch die Räumlichkeiten fliegen.

So wird der spätere Erfolgscoach schon früh mit Stresssituationen und überkochenden Gemütern konfrontiert. Streich selbst bezeichnet die Atmosphäre als explosiv und vergleicht die dortige Dynamik mit den Vorgängen auf dem Fußballplatz. Genau wie in der Metzgerei oder in der Küche brodeln auch im Fußball die Emotionen und manchmal gehen die Pferde mit dem einen oder anderen durch, sowohl mit Spielern als auch mit Trainern. Im Anschluss müssen die Akteure über ihren Schatten springen, sich entschuldigen und erneut kreative Lösungen finden. Insofern ähneln sich die Erlebnisse aus Streichs Kindheit und die späteren Szenen auf dem Platz und an der Seitenlinie sehr. Die explosive Mischung aus Metzgerei und Küchenatmosphäre könnte man daher als richtungsweisend für das spätere Leben des jungen Christian bezeichnen und vielleicht hat er schon damals gelernt, wie man mit Druck und hitzigen Situationen richtig umgeht.

# Idole

Der Fußball und die Faszination, die von dem Sport ausgeht, fesseln Christian Streich seit seiner Kindheit. Er und seine Freunde spielen im Alter von sechs, sieben Jahren die Spielzüge ihrer großen Idole nach. Der Ablauf ist stets gleich: Zuerst sehen sie ein Länderspiel der deutschen Nationalmannschaft, ehe sie sich im Anschluss den Ball schnappen und draußen ihren Vorbildern aus dem Fernsehen nacheifern und dabei das Spielgeschehen kommentieren wie die Sportreporter an den Mikrofonen.

Und was das für Vorbilder sind! In der Zeit von Christian Streichs Kindheit laufen Stars wie Franz Beckenbauer und Gerd Müller im Trikot der DFB-Elf auf und verzaubern die Fußballfans weit über die badische Heimat hinaus. Der »Kaiser« und der »Bomber der Nation« führen die Nationalelf 1972 zum EM-Sieg und 1974 zum Weltmeistertitel im eigenen Land. Streich ist damals neun Jahre alt, und so sehr ihn der Stürmer Gerd Müller begeistert, so ist es doch vor allem die Lichtgestalt Franz Beckenbauer, die bis heute große Begeisterung bei dem gebürtigen Badener auslöst.

Die Tatsache, dass er später selbst einmal große Erfolge mit dem SC Freiburg feiern wird, hat mit Sicherheit auch mit seinen Idolen zu tun. Es ist jedoch nicht nur das fußballerische Talent Franz Beckenbauers, das Christian Streich ins Schwärmen bringt, sondern insbesondere die menschliche Seite des »Kaisers«, die der Freiburger Trainer bewundert.

Als er ihm Jahre später persönlich im Rahmen einer Sendung des Privatsenders Sky begegnet, kommt es zu einem kuriosen Aufeinandertreffen. Bevor die Aufnahmen beginnen, gehen die Studiogäste bekanntlich in die Maske, um sich für ihren Auftritt im Fernsehen zurechtmachen zu lassen. Christian Streich hält nichts von Make-up im Gesicht und lehnt das Schminken bis zu diesem Tag kategorisch ab. Als ihm jedoch Franz Beckenbauer höchstpersönlich den Vortritt in die Maske gewährt, kann er schlecht ablehnen und lässt »dieses Gepuder da« notgedrungen über sich ergehen, bevor die beiden gemeinsam vor die Kamera treten.

Die Art und Weise, wie Beckenbauer im Rahmen der Kontroverse um die Weltmeisterschaft 2006 in Deutschland nachträglich kritisiert und medial regelrecht fertiggemacht wird, stößt Christian Streich bis heute bitter auf. So verteidigt er sein Kindheitsidol 2024 öffentlich während einer Pressekonferenz und zitiert die Visagistin von Sky, die den Kaiser als den »netteste[n] Mann« im Studio bezeichnet. Damit spricht die Frau dem bodenständigen Badener aus der Seele. Er hätte es selbst nicht besser sagen können.

## Aktive Karriere

Das Herz in seiner Brust schlägt im Rhythmus des schönsten Sports der Welt, daran besteht nicht der geringste Zweifel. Als Spieler kann Christian Streich auf dem Platz zwar einige Erfolge verbuchen, doch sie sind kein Vergleich zu seiner Zeit als Trainer. Nach der Jugendzeit bei der Spielvereinigung Märkt-Eimeldingen und beim FV Lörrach wechselt Streich 1982 zum Freiburger FC. Zwei Jahre später wird er in die erste Mannschaft berufen, mit der er unter seinem damaligen Trainer und Mentor Lutz Hangartner Oberligameister wird und um den Aufstieg in die Zweite Liga spielt. Aus dem Aufstieg wird zwar nichts, aber Streich wittert hier zum ersten Mal, wie sich der Profifußball anfühlen könnte.

Und tatsächlich nehmen die Stuttgarter Kickers den Freiburger Mittelfeldspieler 1985 unter Vertrag. Nach zwei Jahren auf der Waldau geht es für ein Jahr zurück nach Freiburg, erstmals zum Sportclub, wo er unter anderem auch mit dem Stürmer und späteren Bundestrainer Jogi Löw zusammen spielt. 1988 unterschreibt Streich einen Zweijahresvertrag beim Erstligaabsteiger FC 08 Homburg. Bereits nach einer Saison steigt er mit seinem neuen Club wieder auf und absolviert zehn Erstligaspiele im Trikot der Homburger. Allerdings scheint die Erste Liga eine Nummer zu groß für den Verein zu sein und schon nach einer Saison heißt es wieder Abschied nehmen vom Profifußball in der Ersten Bundesliga.

Anschließend führt es Streich wieder zurück zu seinen Wurzeln an die Dreisam, wo er einmal mehr im Trikot des Freiburger FC aufläuft. Er spielt bis 1994 für seinen Heimatverein und schießt 27 Tore in 77 Spielen. Streich ist zwar Profi, aber der FFC schafft es nicht über die Oberliga hinaus.

Auf dem Platz war der Mittelfeldspieler ein zuverlässiger, ordentlicher Kicker und harter Gegner, wie sich Klemens Hartenbach im Interview mit der *Sport-Bild* erinnert. Streich erwischt ihn einmal im Zweikampf so heftig mit dem Ellbogen, dass Hartenbachs Zunge genäht werden muss.

Neben dem Aufstieg in die Erste Liga mit Homburg gewinnt Streich mit dem Freiburger FC zweimal den Südbadischen Pokal, womit seine Erfolge als Spieler recht überschaubar bleiben. Bescheiden, wie er leibt und lebt, zieht der Freiburger Kulttrainer ein trockenes Resümee seiner Spielerkarriere. Zehn Bundesligaspiele, so meint er, machen noch keinen richtigen Profi. Lutz Hangartner jedoch weiß noch gut, wie Streich bereits als Spieler großes Interesse an Strategie und Taktik an den Tag legt. Sein wirklich großes Talent schlummert wohl schon damals mehr in der Trainerrolle als in der des Spielers auf dem Platz.

## Aufwind

Man kennt Christian Streich vor allem als Fußballtrainer, doch der Freiburger Ex-Coach interessiert sich bereits als junger Mann für die unterschiedlichsten Bereiche des Lebens. So absolviert er parallel zu seiner Karriere als Kicker eine Ausbildung zum Industriekaufmann und holt mit 25 Jahren sogar das Abitur nach, um Germanistik, Sport und Geschichte auf Lehramt zu studieren. Damit beweist er wie so oft, dass er mehr kann als nur Fußball. Mit seiner kaufmännischen Ausbildung demonstriert er ein weiteres Mal seine Bodenständigkeit und darüber hinaus ist er Akademiker. Auch wenn er sich in seiner Zeit als Trainer auf den Fußball konzentriert, blitzt sein Bildungshorizont in unzähligen Interviews immer wieder durch. Der Mann aus dem vorderen Kandertal ist eben vielseitig und facettenreich.

So kann Streich bereits mit 30 Jahren auf drei unterschiedliche Berufe zurückblicken, doch seine große Zeit steht ihm noch bevor. Seine ersten Schritte als Fußballlehrer macht Streich mit der C-Jugend des SC Freiburg, bevor er 1995 den Trainerposten in der U19-Mannschaft übernimmt.

Es soll zwar einige Zeit dauern, bis er die ersten großen Erfolge feiern kann, aber als der Zug dann ins Rollen gerät, scheint er kaum noch aufzuhalten zu sein.

In seiner Funktion als Jugendtrainer führt Christian Streich die A-Jugend des Sportclubs gleich dreimal zu etlichen Siegen und gewinnt mit seiner Mannschaft 2006, 2009 und 2011 den DFB-Junioren-Vereinspokal. 2008 triumphieren seine Jungs im Finale mit 2:0 über die Jugendmannschaft des VfL Wolfsburg und ergattern den ersehnten deutschen Meistertitel in der A-Jugend. Natürlich gelingen diese Erfolge auch deshalb, weil er so hervorragende Jugendspieler wie Ömer Toprak, Dennis Aogo oder Oliver Baumann im Kader hat, die später mit einigen anderen den Sprung ins Profigeschäft schaffen.

Oliver Baumann berichtet stolz von der damaligen Zeit und bezeichnet den Pokalsieg gegen Borussia Dortmund im Jahr 2009 zu Recht als »etwas Riesiges« und lobt seinen ehemaligen Trainer in fachlicher, vor allem aber menschlicher Sicht. Nils Petersen spricht von Streich als Vaterfigur. Seine Kollegen vom SC Freiburg beschreiben ihn als wilden und intensiven Trainer. Vereinslegende Christian Günter, der schon in der Jugend unter Streich spielt, betont, wie viel er seinem Trainer zu verdanken hat. Auch wenn er in der Jugend nicht oft zum Einsatz kommt, erntet er Anerkennung vom Coach für seinen unermüdlichen Einsatz und wird später mit mehr als 300 Bundesligaeinsätzen unter Streich zum Rekordspieler des SC Freiburg.

Wenn man seinen Spielern zuhört, wird schnell klar: Streich will nicht nur fußballerische Erfolge feiern, ihm geht es insbesondere um den Menschen hinter dem Spieler. Er ist ein unglaublich loyaler und prägender Trainer für seine Jugendmannschaft und nimmt diese Qualitäten später mit ins Profigeschäft. Damit stellt er eindrucksvoll unter Beweis, dass es im Sport nicht nur um Disziplin und Taktik geht, vielmehr sind es sein Fingerspitzengefühl und sein Einfühlungsvermögen, die Christian Streich zu dem einzigartigen Trainer machen, den so viele Fans weit über den Breisgau hinaus bewundern.

## Neue Wege

In seine Zeit als Jugendtrainer fällt auch der Aufbau der Freiburger Fußballschule. Mit diesem Projekt schlägt der Breisgauer Fußballzwerg völlig neue Wege ein und revolutioniert die Nachwuchsarbeit des Sports in einem Ausmaß, das sich zu Beginn kaum einer vorstellen kann. Streichs Erinnerungen an die Anfänge seiner Trainerzeit sind heute so lebendig wie in den Neunzigerjahren. Der Hartplatz, den seine Schützlinge zum Training nutzen, wird am Wochenende als Parkplatz für die Bundesliga zweckentfremdet und könnte von den Trainingsbedingungen, wie man sie in der Jugend des FC Bayern oder beim VfB Stuttgart vorfindet, nicht weiter entfernt sein. Der unebene Sandplatz ist gespickt mit Zigarettenkippen und verblasst geradezu, wenn man sich das Übungsgelände anderer Clubs ansieht. Doch Streich und seine Jungs lassen sich davon nicht ins Bockshorn jagen. Sie schnüren die Fußballschuhe und geben Woche für Woche ihr Bestes, sowohl im Training als auch in den Spielen am Wochenende.

Als Volker Finke und Achim Sarstedt 1991 ihre Ämter beim SC Freiburg antreten, bewegt sich zwar schon viel in Richtung Professionalisierung, doch die Jugendabteilung muss noch fast zehn Jahre warten, bis sie von diesem neuen Wind profitiert. Unter dem Motto »Steine statt Beine« beginnen die Freiburger im Jahr 2000 mit dem Bau der Fußballschule und investieren damit als erster Proficlub Deutschlands mehr Geld in die Nachwuchsarbeit als in den Kauf neuer Spieler. Im September 2001 ist es schließlich so weit und die Fußballschule öffnet im Freiburger Möslestadion ihre Tore für den Nachwuchs.

Christian Streich ist vom ersten Tag an mit dabei und verantwortlich für die Trainerarbeit in der A-Jugend. Es ist eine extrem spannende Zeit für ihn, da alles so ungewohnt ist und er anfangs nicht recht weiß, wie er die neuen Möglichkeiten nutzen soll. Doch Streich lernt schnell und drückt der Fußballschule schon bald seinen Stempel auf. Allerdings nicht im Alleingang. Zusammen mit seinem Team rekrutiert er Fußballtrainer und Sportpädagogen von der Universität. Als erster deutscher Club beginnt der SC Freiburg damit, Videoaufnahmen von den Spielen zu machen, um sie sich hinterher gemeinsam anzusehen. Dazu bekommt der Busfahrer der Mannschaft kurzerhand eine Videokamera in die Hand gedrückt und wird dadurch zum Kameramann des Sportclubs. Es ist die Geburtsstunde der Videoanalyse. Wie so oft lösen die neuen Methoden bei der Konkurrenz Kopfschütteln aus. Als die Vertreter der großen Vereine Wind von Streichs Videoaufnahmen bekommen, reagieren sie zunächst verdutzt. Es dauert jedoch nicht lange, bis sie den enormen Nutzen dieser Innovation erkennen und sich den ein oder anderen Kniff vom Freiburger Trainer abschauen. Heute sind Videoanalysen aus dem Profifußball nicht mehr wegzudenken. Sogar im Amateurbereich ist es gang und gäbe, Spiele zu Analysezwecken zu filmen. Alles dank der Freiburger Fußballschule und Christian Streichs Mut, neue Wege zu beschreiten.

## Der Neue

Lassen Christian Streichs Erfolge zu Beginn seiner Trainerkarriere noch auf sich warten, geht es mit einem Mal Schlag auf Schlag. Eben erst aus der zweiten Mannschaft als Cheftrainer in die Profimannschaft berufen, muss Marcus Sorg im Dezember 2011 nach einer verkorksten Hinrunde schon wieder das Feld räumen. Die Vereinsführung hat bereits einen konkreten Kandidaten im Auge, und zwar den U19- und späteren Co-Trainer der ersten Mannschaft – Christian Streich. Es gibt nur ein Problem: Der Wunschkandidat ist glücklich in seiner Funktion als Nachwuchstrainer und will dem Ruf des damaligen Präsidenten Fritz Keller nicht so recht folgen. Einerseits füllt ihn die Arbeit mit den jungen Spielern aus, andererseits lebt er zu gern in Freiburg und will kein Risiko eingehen, denn Streich kennt das Geschäft und weiß, wie schnell der Trainerstuhl wackelt, wenn der Erfolg ausbleibt.

Keller lässt jedoch nicht locker und lädt den Trainer der U19 zur Vorstandssitzung ein. Streich sagt zu, ändert seine Meinung aber kurz vor der Sitzung und will das Angebot ablehnen. Doch Fritz Keller lässt nicht locker und führt eine Reihe von Namen auf, die für den Verein infrage kämen, sollte Streich wirklich absagen. Und wie das im Profigeschäft nun einmal ist, bringen neue Trainer oft ihren eigenen Stab mit, was wiederum bedeutet, dass der Verein viele altgediente Mitglieder des aktuellen Trainerteams entlassen müsste. Da Keller das nicht möchte, setzt er Streich gewissermaßen die Pistole auf die Brust. Wenn er jetzt ablehne, so Kellers Aussage sinngemäß, dann könne er seinen Kollegen mitteilen, dass sie sich bald einen neuen Job suchen müssen.

Streich protestiert, fühlt sich erpresst, doch seine Loyalität ist stärker. Es ist für Streich nach eigenem Bekunden eine der schwierigsten Entscheidungen seines Lebens. Am Ende des Tages gibt er dem Drängen der Vereinsführung nach und übernimmt den Posten des Cheftrainers von Markus Sorg.

Zwar droht nach gerade einmal drei Siegen in der Hinrunde der Abstieg, aber Streich nimmt die Herkulesaufgabe Klassenerhalt an und zeigt schon bald, aus welchem Holz er und seine Mannschaft geschnitzt sind. Bevor es so weit ist, steht aber zuerst das Trainingslager in der Winterpause an. Statt sich verrückt zu machen, agiert der neue Coach des Sportclubs nach der Devise »Kopf aus und arbeiten«. Die Arbeit findet allerdings nicht nur auf dem Platz statt. Streich führt mit allen Teammitgliedern intensive Gespräche und erweist sich als absolut transparent und bedingungslos ehrlich. Dadurch fassen die Spieler schnell Vertrauen zu ihrem neuen Trainer, und es dauert nicht lange, bis Leichtigkeit und Spielfreude in die Mannschaft zurückkehren. Die Tatsache, dass Christian Streich sich nicht als Schleifer versteht, sondern auch viel mit dem Ball trainieren lässt, leistet zweifellos einen wichtigen Beitrag dazu. So entsteht nach einer schwierigen Hinrunde so etwas wie Aufbruchstimmung in den Reihen des Sportclubs. Der Klassenerhalt scheint möglich zu sein und mit der Zeit eröffnen sich ungeahnte Perspektiven für die Breisgauer. Rückblickend kann man nur sagen: Ein Glück, dass Fritz Keller so hartnäckig war und Streich überzeugen konnte.

## Der erste Streich

Am 20. Januar 2012 ist es schließlich so weit. Die Winterpause ist vorbei und die Rückrunde der Bundesligasaison beginnt. Jetzt wird sich zeigen, ob Streichs Arbeit im Trainingslager auch auf dem Platz Früchte trägt. Es ist der 18. Spieltag, Freiburg steht auf dem letzten Tabellenplatz und empfängt den Vorletzten aus Augsburg im eigenen Stadion.

Trotz einiger personeller Umstellungen und den Abgängen von Heiko Butscher und Papiss Demba Cissé präsentieren sich die Breisgauer zu Christian Streichs Debüt erstaunlich dominant. Sicherlich spielen dem Sportclub der Heimvorteil und die disziplinierte Vorbereitung in die Karten. So passen die Freiburger unter Streichs Ägide den Ball immer wieder druckvoll nach vorn und erobern Meter um Meter in der gegnerischen Hälfte. Die Verteidigung der Augsburger steht jedoch gut und die Torchancen der Gastgeber bleiben in der ersten Halbzeit sehr überschaubar.

Die zweiten 45 Minuten gestalten sich dann mit mehr Torchancen für Streichs Elf deutlich attraktiver. Die vereinten Bemühungen seiner Mannschaft reichen dennoch lange Zeit nicht für den erfolgreichen Torabschluss. Erst in der Schlussphase gelingt Matthias Ginter nach seiner Einwechslung in der 70. Spielminute der erlösende Siegtreffer. Aus einer Standardsituation entwickelt sich in der 88. Spielminute die alles entscheidende Szene. Michael Lumb schlägt einen Freistoß in den Sechzehner der Augsburger, Ginter setzt sich durch und köpft ein zum 1:0. Später spricht er darüber, es sei doch alles andere als selbstverständlich, in einer derart wichtigen Partie einen 18-jährigen Innenverteidiger einzuwechseln. Doch Streich hat den richtigen Riecher und freut sich mit seiner Mannschaft über das erlösende Kopfballtor. In der 90. Minute erzielen die Breisgauer dann fast noch das 2:0, aber der Augsburger Torwart kann den Treffer gerade noch mit einer Glanzparade verhindern.

Am Ende bleibt es beim 1:0 für die Gastgeber und sie rücken auf den 17. Tabellenplatz vor. Der sprichwörtliche Knoten platzt, der SC Freiburg startet mit dem neuen Trainer siegreich in die Rückrunde. Damit bestätigt sich das Gefühl, das sich bereits während der Vorbereitung in der Mannschaft breitgemacht hat: Mit Streich als Trainer scheint das erklärte Saisonziel auf einmal möglich zu sein. Was im Dezember noch keiner glauben wollte, rückt in Reichweite und am Ende schaffen die Freiburger zwei Spieltage vor Saisonende nicht nur den Klassenerhalt, sie belegen zudem einen respektablen zwölften Platz. Für den damaligen SC-Keeper Oliver Baumann kommt der Klassenerhalt gefühlsmäßig einer Meisterschaft gleich und sogar Christian Streich vergießt im Freudentaumel ein, zwei Tränchen.

Setzt man die Vereinsgröße und den damaligen Etat der Freiburger Mannschaft ins Verhältnis zu anderen Clubs, kann man tatsächlich von einer echten Sensation sprechen. Streich bezeichnet die Rückrundenleistung seiner jungen Mannschaft als »unglaublich« und wird von ganz Fußballdeutschland für seine Kompetenz als Trainer gefeiert.

# Heißsporn

Wer Christian Streichs Werdegang ein wenig verfolgt, der erkennt schnell: Dieser Mann aus dem badischen Ländle ist kein Trainer von der Stange. Nein, Streich ist ganz und gar Individualist und scheut weder Herausforderungen noch Konflikte. Er versteckt sein Innenleben nicht. Im Gegenteil, er zeigt Gefühle und im Freiburger Fußballgeschäft schätzt man die emotionale Seite des Cheftrainers. Es ist daher nicht verwunderlich, dass ihm angesichts seines Temperaments zwischendurch mal der Kragen platzt.

Weggefährten wie Lutz Hangartner wissen um die mangelnde Gelassenheit des Freiburger Trainers an der Seitenlinie, und selbst Streich gibt zu, dass er nicht stolz auf seine Ausraster ist. Hangartners Vergleich mit einem Vulkan könnte kaum passender sein. Seine Launen und der Fußball bringen Streichs Innenleben zum Brodeln, und bisweilen kann es passieren, dass die Emotionen überkochen. In diesem Zusammenhang sind es immer wieder Schiedsrichterentscheidungen, die Streich zur Weißglut bringen. Sobald er sich Luft gemacht hat und sein Zorn wieder abkühlt, lässt er aber mit sich reden und beruhigt sich wieder.

Für seine Spieler ist Streich gerade durch seine emotionale Ader ein absoluter Rückhalt an der Seitenlinie. Er ist der zwölfte Mann am Spielfeldrand, den jedes Team so dringend braucht, gerade dann, wenn es einmal nicht so rundläuft. Matthias Ginter, Nils Petersen und Christian Günter sind sich diesbezüglich einig und brechen eine Lanze für die Heißblütigkeit ihres Rudelführers. Schließlich gehe es im Fußball primär um Unterhaltung, meint Petersen, und in der Hinsicht liefere Christian Streich schlichtweg unbezahlbares Material für die Kameras. Man kann es drehen und wenden, wie man möchte, der Freiburger Trainer ist impulsiv und zwischendurch reißt ihm die Hutschnur. Doch seine Emotionalität äußert sich ebenso im Positiven. Für seine Jungs gibt er alles. Günter ist davon überzeugt, dass Streich für seine Mannschaft durchs Feuer gehen würde.

Die Loyalität seinen Spielern gegenüber zeigt sich wohl nirgendwo eindrucksvoller als im März 2018. Nachdem Nils Petersen in der Partie gegen Schalke 04 die einzige Rote Karte seiner Karriere sieht, regt sich Streich dermaßen auf, dass der Schiedsrichter den Breisgauer Fußballlehrer auf die Tribüne verbannt. Gleichzeitig ist Petersen sehr berührt von der Rückendeckung seines Trainers und bezeichnet diesen zum wiederholten Male als Vaterfigur.

Wenn es hingegen nach den Vorstellungen Streichs läuft, bahnt sich seine unbändige Freude ebenso ihren Weg wie manchmal die Frustration. Da kann es schon einmal passieren, dass er seine Spieler vor lauter Jubel auf die Backe küsst oder seinem Co-Trainer Lars Voßler eine deftige Ohrfeige verpasst und ihm die in der Coronazeit vorgeschriebene Atemschutzmaske aus dem Gesicht schlägt.

Christian Streichs Gemüt macht ihn unberechenbar, so unberechenbar wie den Fußball und das Leben im Allgemeinen. Und es ist nicht zuletzt diese unkalkulierbare Seite, die den Trainer des Sportclubs so menschlich und sympathisch macht. Im auf Hochglanz getrimmten Profifußball braucht es zwischendurch Charaktere wie ihn, die das Geschehen vor den Kameras wieder auf den Boden der Tatsachen zurückbringen.

## David gegen Goliath

Als die Breisgauer in der Rückrunde 2015 gegen den großen FC Bayern antreten, ist Christian Streich bereits seit drei Jahren im Amt und fest als Cheftrainer etabliert. In den beiden vorherigen Spielzeiten belegen die Freiburger einmal den 5. und einmal den 14. Tabellenplatz. In der Saison 2014/2015 wird es jedoch ziemlich knapp für Streich und seine Kicker, und sie spielen gegen den Abstieg.

Am 33. Spieltag hält der FC Bayern mit Trainerstar Pep Guardiola Einzug ins Dreisamstadion. In der Aufstellung der Gäste stechen international berühmte Spieler wie Manuel Neuer, Bastian Schweinsteiger und Robert Lewandowski hervor. Mit Lokalmatadoren wie Christian Günter, Stefan Mitrović und Admir Mehmedi scheinen die Freiburger auf den ersten Blick hoffnungslos unterlegen zu sein.

Die Bayern beginnen das Spiel gewohnt dominant mit viel Ballbesitz. Schweinsteiger trifft bereits in der 13. Minute zum 1:0. Doch Streichs Truppe lässt sich davon nicht beeindrucken. Mehmedi gleicht bereits 20 Minuten später aus und die Mannschaften gehen mit einem überraschenden 1:1 in die Pause.

Die zweite Hälfte bleibt lange torlos – bis zur 89. Minute, als Streich-Joker Nils Petersen nach einer tollen Hereingabe von Karim Guédé zum 2:1-Siegtreffer einnetzt. Das Publikum tobt, die Spieler jubeln, der Gegner wirkt geschockt.

Und Christian Streich? Was macht der Freiburger Trainer? Er weicht seinen Spielern und Trainerkollegen aus und entzieht sich dem Freudentaumel. Statt Petersens Treffer zu feiern, rennt er in Richtung Katakomben, stolpert im Gedränge an der Seitenlinie und stürzt. Doch er rappelt sich sofort wieder auf und flüchtet vor den Kameras in die Kabine. Dort sieht er die Live-Übertragung des Spiels Augsburg gegen Hannover, und just als er die Kabine erreicht, treffen die Hannoveraner zum 2:1 Siegtreffer, was den Freiburgern quasi das Genick bricht. Hätte die Partie zwischen Hannover und Augsburg in einem Unentschieden geendet, hätte das den sicheren Klassenerhalt für Streichs Mannschaft bedeutet. Mit diesem Ergebnis brauchen die Breisgauer jetzt noch einen weiteren Sieg im letzten Saisonspiel.

Ausgerechnet in Hannover soll sich alles entscheiden. Es sind dramatische Szenen, die sich an diesem Tag vor Streichs Augen abspielen. Seine Mannschaft kassiert schon in der dritten Spielminute das 0:1. Der Gegner trifft in der 84. erneut, die Freiburger laufen einem 0:2 hinterher. Petersen trifft zwar noch in der 92. Minute, doch die Fußballgötter sind Streich und seiner Mannschaft an diesem Tag nicht gewogen und der Sportclub kann den schmerzhaften Abstieg nicht mehr abwenden.

Die Woche zuvor haben sie noch die Bayern geschlagen, und jetzt müssen Streich und sein Team diese bittere Pille schlucken. Manchmal ist halt auch der beste Trainer machtlos. »Das war schlimm«, resümiert Streich.

In der Pressekonferenz nach dem Spiel möchten die Journalisten wissen, ob er nach diesem Ergebnis weitermacht. Für ihn und die Chefetage des Sportclubs stellt sich diese Frage überhaupt nicht. Natürlich macht Streich weiter, daran besteht nicht der geringste Zweifel. Er ist der richtige Mann für den Job, was er durch den sofortigen Wiederaufstieg in der Folgesaison untermauert.

# Im Fokus

Je länger Christian Streich auf dem Freiburger Trainerstuhl sitzt, desto mehr avanciert er durch seine unkonventionelle, geradlinige Art zum Medienstar. Seine Antworten in zahllosen Pressekonferenzen nach dem Spiel sind legendär und haben längst Kultstatus erreicht.

Unvergesslich sind seine Reaktionen, wenn die Reporter ihm gewisse Formulierungen in den Mund legen wollen, die dem Badener nicht so recht schmecken wollen. Seine Aussage über Käse, den der eine als stinkend, der andere als wohlriechend bezeichnet, fällt ebenso in die Kategorie Streich'scher Stilblüten wie der Spruch: »Ganz unsexy simmer net.«

Nach einer Niederlage gegen Schalke 04 übernimmt Streich während der Pressekonferenz sogar die Funktion des Kellners. Zuerst gratuliert er dem Trainer der gegnerischen Mannschaft Jens Keller zum Sieg und schenkt ihm in einer Geste spitzbübischen Respekts eigenhändig Kaffee ein. Die Aktion sorgt abermals für Gelächter unter den Anwesenden, doch Streich setzt noch einen drauf und bietet Keller grinsend ein Glas südbadischen Weißburgunder an.

In der Saison 2018/2019 bezeichnet ein Journalist die Leistungen von Streichs Mannschaft gegen große Clubs als »Mega-Performance«. Eine Aussage, die der Freiburger Cheftrainer sofort seziert und auseinandernimmt, von einer »Mega-Performance« will er nichts wissen. Er ist der Meinung, dass seine Jungs vorbildlich »gearbeitet haben. Oder geworkt«. Mit diesem Augenzwinkern in Richtung neudeutscher Anglizismen entlockt er den versammelten Pressevertretern wieder einmal schallendes Gelächter.

In seinen zwölf Jahren als Cheftrainer beim SC Freiburg liefert Christian Streich unzählige solcher Momente und zeigt damit wie so oft seinen facettenreichen Charakter. Tritt er am Spielfeldrand mitunter wild und ungestüm auf, macht er nach dem Spiel mit Humor und Tiefgang auf sich aufmerksam. Streich sieht über den Fußball hinaus und stellt mit seinen überlegten Aussagen zum Weltgeschehen immer wieder seine Weitsicht unter Beweis. Letztlich dürfte es jedoch vor allem seine Schlagfertigkeit sein, die ihn über die Grenzen des Breisgaus hinaus berühmt macht und ihm Bewunderer in ganz Deutschland beschert.

# Ausgezeichnet

Christians Streichs Karriere als Fußballspieler und Trainer verläuft über Jahre hinweg bescheiden. Mit der Zeit zieht der Freiburger Coach allerdings immer weitere Kreise und kann nach und nach immer mehr Erfolge auf seinem Konto verbuchen. Die großen Titel bleiben ihm zwar verwehrt, doch das ist in Freiburg gar nicht der Anspruch. Dem Sportclub und seinem Trainer geht es darum, guten Fußball zu spielen, die Fans zu begeistern und Erfolge im Rahmen der Möglichkeiten zu feiern. Und diese Erfolge bleiben unter Christian Streich nicht aus. Allein schon die Tatsache, dass die Mannschaft unter seiner Führung abgesehen von einer Saison durchgehend in der Ersten Liga antritt, ist für die Freiburger Grund genug zum Jubeln. Die Teilnahme in der Europa-League, sage und schreibe 26 Partien auf internationalem Niveau, davon zwölf Siege sowie der Einzug ins DFB-Pokalfinale 2022 sind gewissermaßen das Sahnehäubchen auf Christian Streichs Trainerbilanz.

Sportlich kann ihm keiner der früheren Freiburger Trainer das Wasser reichen, menschlich spielt er ohnehin in der Champions League. Da überrascht es nicht, dass er im Lauf seiner Karriere immer wieder für den einen oder anderen Preis nominiert wird, von denen er auch zahlreiche gewinnt.

2012 wird Streich von der Barmer Ersatzkasse mit dem Trainerpreis Baden-Württemberg für seine Verdienste als Jugendtrainer in der Freiburger Fußballschule geehrt. Gleich in seiner Debütsaison bei den Profis mischt er in der Auswahl für den Trainer des Jahres mit und belegt hinter Jürgen Klopp und Lucien Favre den dritten Platz. In der Folgesaison lässt er »Kloppo« sogar hinter sich und wird Zweiter, er muss sich lediglich dem großen Jupp Heynckes geschlagen geben.

2017 wird Streich mit dem Preis Mann des Jahres ausgezeichnet. In der Saison 2021/2022 ergattert der Badener Ausnahmecoach gleich zwei große Preise und wird Trainer der Saison und Fußballtrainer des Jahres. Bereits 2020 wird ihm der Verdienstorden des Landes Baden-Württemberg zugesprochen, den er schließlich 2023 feierlich verliehen bekommt. Ebenfalls 2023 erhält Christian Streich den Julius-Hirsch-Ehrenpreis, eine ganz besondere Auszeichnung, die der DFB für besonderes Engagement in den Bereichen Freiheit, Toleranz und Menschlichkeit verleiht.

Es ist eine lange Liste an Auszeichnungen, die der Freiburger Trainer für sich verbuchen kann, und jede einzelne bedeutet ihm viel. Dennoch bleibt er sich treu und verliert trotz des Ruhms nicht die Bodenhaftung. Das zeigt sich besonders eindrucksvoll bei der Verleihungszeremonie des Julius-Hirsch-Ehrenpreises. Streich nimmt die Auszeichnung völlig ungewohnt im schicken Anzug entgegen und bedankt sich aufrichtig. Gleichzeitig schlägt er vor, den Preis doch lieber jenen zu verleihen, die wirklich etwas tun. »Das sind die wahren Helden«, wie er es ausdrückt.

## Bodycheck

Nach mehreren Hundert Spielen als Trainer des SC Freiburg gibt es für Christian Streich sicher Spiele, die er gern vergessen würde, und solche, die ihm für immer im Gedächtnis bleiben werden. Der Sieg gegen den FC Bayern gehört ganz bestimmt zur zweiten Kategorie, das DFB-Pokalfinale ebenso.

Im November 2019 ereignen sich im Spiel gegen Eintracht Frankfurt kuriose Szenen, die nicht unbedingt zu den triumphalen Momenten zählen. Unvergesslich dürften sie dennoch sein. Der 11. Spieltag in dieser Saison fällt für die Freiburger auf einen Sonntag, sie empfangen die Frankfurter Gäste in der heimischen Arena. Streichs Elf präsentiert sich an diesem Tag als bessere Mannschaft, was sich auch im 1:0 Endstand widerspiegelt. Es sind jedoch nicht die Szenen auf dem Platz, die an diesem Abend für Furore sorgen. Die Situation, die das gesamte Spiel überschattet, ereignet sich in der Nachspielzeit in Christian Streichs Coachingzone.

Nachdem Petersen in der 77. Spielminute das 1:0 erzielt, müssen die Frankfurter Gäste alles nach vorn werfen, um in Freiburg noch einen Punkt zu holen. Dementsprechend energiegeladen, man könnte fast sagen übermotiviert, zeigen sich die Spieler der Eintracht, allen voran der Kapitän David Abraham.

Nach einem Befreiungsschlag von Schlotterbeck rollt der Ball über die Seitenlinie ins Aus und an Christian Streich vorbei. Die Nachspielzeit läuft bereits und Frankfurt hat keine Zeit zu verlieren. Daher stürmt Abraham im Vollsprint dem Ball hinterher, rempelt Christian Streich mit der Schulter gegen die Brust und holt den Freiburger Trainer ungalant von den Füßen. Streich weiß gar nicht, wie ihm geschieht, und stürzt rückwärts zu Boden. Abraham schafft es noch, sich den Ball zu schnappen, aber da fällt die komplette Freiburger Bank bereits über ihn her. Es ist eine natürliche Reaktion für die Breisgauer, immerhin wurde ihr Leitwolf gerade zu Fall gebracht und da wollen sie ihn mit allen Mitteln verteidigen. Für Jochen Saier, den Vorstand des Sportclubs, ist der bedingungslose Einsatz der Freiburger Spieler für Christian Streich »ein großer Liebesbeweis«. Oliver Baumann stellt klar, dass man so etwas nicht für jeden tut.

Für Schiedsrichter Dr. Felix Brych könnte die Lage kaum eindeutiger sein. Nachdem die Rangelei aufgelöst ist, zeigt er sowohl David Abraham als auch dem Freiburger Vincenzo Grifo die Rote Karte. Grifo hat sich im Eifer des Gefechts zu Handgreiflichkeiten hinreißen lassen und daher ebenfalls einen Platzverweis kassiert. Streich hat währenddessen nur einen einzigen Gedanken: Er weiß aus eigener Erfahrung, wie stark der Fußball Spieler – und Trainer – von emotionaler Seite packen kann, und will die Situation um jeden Preis entschärfen. Doch es passiert alles so schnell und Streich kann die Eskalation nicht mehr verhindern. Dennoch spricht es für ihn, dass er erst einmal das Gespräch mit dem Frankfurter Coach Adi Hütter sucht, statt auf Abraham loszugehen. Man kennt die hitzigen, teils explosiven Aufnahmen von Christian Streich aus der Vergangenheit, aber an diesem Abend demonstriert er eine bemerkenswerte Besonnenheit und Coolness.

Streich und Abraham finden in all dem Chaos schließlich doch noch zueinander und wechseln ein paar Worte. Der Argentinier entschuldigt sich bei Freiburgs Trainer, Streich nimmt die Entschuldigung an und schon ist wieder Raum für Witzelei, denn Abraham legt noch einmal nach und teilt Streich mit, dass er ihn für »ein bisschen stabiler« gehalten habe. Der Freiburger Coach kann darüber lachen und trägt die Sache dem Frankfurter nicht nach. Das Sportgericht des DFB hingegen sieht in der Aktion des Argentiniers eine klare Tätlichkeit. Es verurteilt den Frankfurter Kapitän zu einer Geldstrafe von 25 000 Euro und legt noch eine saftige Sperre für die kommenden sechs Spieltage obendrauf. Die Strafe wäre wohl noch knackiger ausgefallen, wenn sich Streich nicht per Telefon für Abraham eingesetzt hätte. Da ist sie wieder, die menschliche Ader Christian Streichs, die ihn zu dem außergewöhnlichen Sportsmann macht, den so viele Menschen in diesem Land lieben.

## Berlin, Berlin

Das DFB-Pokalfinale 2022 markiert einen der größten Erfolge des SC Freiburg unter Cheftrainer Christian Streich. Dabei hat seine Mannschaft in der Bundesliga bereits den sechsten Platz erreicht und sich damit den Einzug in die Europa-League gesichert, was an sich schon eine Riesenleistung für den Fußballzwerg aus dem Breisgau darstellt. Mit diesem Meilenstein im Rücken können die Freiburger entspannt nach Berlin fahren. Trainer Streich sieht die Sache demnach sehr locker und meint, ein Sieg im Finale wäre toll, aber eine Niederlage auch nicht weiter schlimm.

Für den Konkurrenten aus Leipzig sieht die Sache ganz anders aus. Allein der Mannschaftsetat trennt die beiden Teams deutlich voneinander und auch die Saisonziele weichen stark voneinander ab. Das Team von RB-Leipzig-Coach Domenico Tedesco will vorn mitspielen und hat den großen Bundesligaclubs offen den Kampf erklärt. Streichs Elf hingegen hat das eigene Saisonziel bereits übertroffen und versteht sich nicht als Konkurrent der Dortmunder oder des großen FC Bayern.

Als es schließlich so weit ist, könnte die Atmosphäre im Berliner Olympiastadion kaum aufregender sein. Der Freiburger Fanblock strahlt in Rot-Weiß, Südbaden-Gesänge hallen durch das Stadion. Und natürlich sind auch die gegnerischen Fans in Hochstimmung. Immerhin gilt das DFB-Pokalfinale als einer der Höhepunkte der Fußballsaison.

Für Streich ist dieser Tag aber mehr als nur ein Fußballspiel. Allein die Reise nach Berlin und das ganze Drumherum sind für ihn ein gigantisches Erlebnis, das er schlicht als »unglaublich« bezeichnet. Entsprechend groß ist schließlich die Freude, als Maximilian Eggestein in der 19. Minute das 1:0 für die Freiburger erzielt. Mit diesem Spielstand geht es in die Pause und in der zweiten Hälfte spielen die Freiburger weiterhin wunderbaren Offensivfußball. Immer wieder ist es Grifo, der im Angriff auf sich aufmerksam macht, doch der zweite Treffer bleibt den Breisgauern verwehrt.

In der 76. Minute gelingt Leipzigs Christopher Nkunku der Ausgleich und das Spiel ist wieder offen. Auch in der Verlängerung spielt sich Streichs Mannschaft vielversprechende Torchancen heraus, doch der Abschluss scheitert mal am Pfosten, mal am Keeper der Leipziger.

So kommt es zum unausweichlichen Elfmeterschießen. Es ist ein Finale mit allem, was dazugehört, und die Spannung ist mit Händen zu greifen. Ausgerechnet der Kapitän Christian Günter verschießt seinen Elfer, Demirović trifft nur die Latte und Freiburg unterliegt Leipzig letztlich mit 2:4.

Der Trainer Christian Streich zeigt sich jedoch alles andere als enttäuscht. Im Gegenteil, er könnte kaum stolzer auf seine Mannschaft sein, die an diesem Abend und die gesamte Saison über eine Spitzenleistung abgeliefert hat. Leitwolf durch und durch tröstet er seine Spieler nach der Niederlage, statt sie zu kritisieren, denn er weiß, auch Weltstars haben schon Elfmeter vergeigt.

An diesem Abend zeigt sich einmal mehr der Sportsgeist des bescheidenen Freiburger Trainers. Sein Team war so nah dran am Pott, aber Streich ist ein guter Verlierer und verbeugt sich in einer Geste des Respekts vor dem Publikum und herzt zudem die Spieler der gegnerischen Mannschaft. Inzwischen hat er schon einige große Momente in seiner Karriere erlebt, doch so ein Pokalfinale in Berlin zählt sicher zu den ganz besonderen Höhepunkten.

## Haltung

So beliebt Streich auch sein mag, er bleibt ein Charakterkopf mit jeder Menge Ecken und Kanten und ist damit alles andere als Mainstream. Das ist schon als junger Mann so. Sein damaliger Trainer Lutz Hangartner erinnert sich, wie unangepasst Streich bereits als junger Profi war. Mit langem Haar und in löchrigen Hosen erscheint Streich zu seinem ersten Training als Profi, doch Hangartner lässt sich davon nicht irritieren, sondern akzeptiert den jungen Spieler so, wie er ist. Das rechnet ihm Streich bis heute hoch an. Andere Trainer hätten ihn womöglich direkt zum Friseur geschickt, nicht so Hangartner. Er weiß schon früh um Streichs Potenzial, immerhin war er derjenige, der den gebürtigen Badener aus der A-Jugend in die Profimannschaft berief.

Mit der Zeit ändert sich jedoch der Kleidungsstil und Streich verwandelt sich vom langhaarigen Rebellen zum schlicht und stilvoll gekleideten Fußballlehrer an der Seitenlinie. Zu besonderen Anlässen holt er sogar den feinen Zwirn aus dem Schrank und trägt einen eleganten Anzug samt schneeweißem Hemd.

Im Hinblick auf seine Spieler verhält sich Streich meist wie sein einstiger Trainer und Mentor Lutz Hangartner. Er legt nicht nur Wert auf das fußballerische Können seiner Jungs, ihm ist es darüber hinaus wichtig, dass sie sich menschlich wohlfühlen und individuell entfalten können. Dennoch ereignet sich bei Matthias Ginters erster Begegnung mit seinem späteren Trainer eine Szene, die wie so viele, in die Streich involviert ist, zum Schmunzeln einlädt. Ginter ist damals ein Teenager und Streich noch als Jugendtrainer in der U19 des

Sportclubs tätig, für die auch Ginters älterer Bruder Niklas kickt. Es ist ein normaler Tag in der Freiburger Fußballschule, und während der 15-jährige Matthias am Spielfeldrand auf dem Freiburger Trainingsgelände herumlümmelt, fällt dem Jugendtrainer Streich die schiefe Haltung des Jungen auf. Prompt fordert er ihn auf, sich ordentlich hinzusetzen.

Die Szene bleibt Ginter im Gedächtnis und er lernt an diesem Tag eine wichtige Lektion von seinem späteren Coach. Auf die Haltung kommt es an, sowohl auf dem Feld als auch an der Seitenlinie.

## Unermüdlich

Der SC Freiburg steigt unter Christian Streich zu ungeahnten Höhen auf und reißt die Fußballfans weit über den Breisgau hinaus mit seiner erfrischenden, offensiven Spielweise mit. Gleich zweimal gelingt den Freiburgen die Teilnahme in der Europa-League. Sowohl der höchste Sieg der Vereinsgeschichte – ein 6:0 gegen Borussia Mönchengladbach – als auch die beste Saison, die der Sportclub bis dato abliefert, fallen in die Zeit unter Cheftrainer Christian Streich. Manche bezeichnen ihn als detailversessen, andere als genialen Fußballlehrer, SC-Freiburg-Präsident Eberhard Fugmann sieht in Streich einen »Fußballfreak« und »großartige[n] Mensch[en]«.

Nun ist ein Posten als Headcoach einer Profifußballmannschaft weitaus mehr als ein Vollzeitjob, und man könnte meinen, dass die Tätigkeit sogar ein Energiebündel wie Christian Streich voll und ganz auslasten würde. Doch der Freiburger Trainer hat nach allen Programmpunkten noch genug Energie im Tank, um in die Pedale zu treten und die Gegend zu erkunden, erzählt Rudi Summer, seines Zeichens Platzwart beim FC Schruns im schönen Montafon in Österreich. Die beiden lernen sich während eines Trainingslageraufenthalts des Sportclubs in Vorarlberg kennen. Obwohl Streich und seine Mannschaft ein knackiges Trainingsprogramm absolvieren, findet der Coach des SC Freiburg abseits des Platzes immer noch Zeit für die ein oder andere Wanderung und ein paar E-Bike-Touren mit Summer. Gemeinsam genießen sie den Ausblick von den erhabenen Vorarlberger Gipfeln und Streich hat dabei noch Muße genug, um sich bei den

Touren gelegentlich mit den Einheimischen auszutauschen.

Als Platzwart kommt Rudi Summer im Laufe seiner langjährigen Karriere mit so namhaften Trainerlegenden wie Giovanni Trapattoni oder Spaniens Erfolgscoach Vicente del Bosque in Kontakt. Gleichwohl stellt er klar, dass Christian Streich und dem SC Freiburg bisher noch niemand das Wasser reichen konnte, egal wie groß der mit dem Namen verbundene Ruhm auch sein mag.

## Weiter, immer weiter

Christian Streichs energisches, unermüdliches Naturell zeigt sich selbstverständlich nicht nur auf dem E-Bike im Trainingslager, sondern vor allem auf dem Platz und nicht zuletzt in der Kabine. Strategie und Taktik sind unverzichtbare Bestandteile des Profifußballs, doch in einem derart emotionalen Sport kommt es natürlich auch auf die Motivation an. Wenn die nicht stimmt, reicht selbst die perfekte Taktik nicht aus, um eine Mannschaft zum Sieg zu führen. Christian Streich wäre bestimmt nicht so erfolgreich in seinem Job, wenn er darum nicht wüsste. Was er später im Profigeschäft eindrucksvoll zur Schau stellt, zeichnet ihn bereits als Jugendtrainer aus, wie sein langjähriger Co-Trainer Lars Voßler berichtet.

Die folgende Anekdote fällt in Voßlers erstes Jahr als Assistent des späteren Freiburger Cheftrainers. Zusammen sind die beiden für die U19-Mannschaft des Sportclubs verantwortlich. Ihr Team spielt an einem Sonntagvormittag gegen die Nürnberger Jugendmannschaft. Nach Voßlers Auffassung liefern die Freiburger Kicker eine zufriedenstellende erste Hälfte ab und er würde sie in der Kabine gern für ihren Auftritt loben. Streich jedoch scheint anderer Meinung zu sein, statt Lob gibt es in der Halbzeitpause eine markige Ansprache, bei der alle Spieler ehrfürchtig ihrem Trainer lauschen.

Und siehe da! Streichs Rede zeigt Wirkung. In der zweiten Hälfte präsentiert sich der Freiburger Nachwuchs deutlich überlegen und fährt einen klaren Sieg gegen die Franken ein. Ein Sieg ist stets ein Grund zur Freude, aber für den Co-Trainer ist die Lektion, die er an diesem Tag vom Chefcoach lernt, noch wertvoller.

Streich zeigt ihm, wie wichtig eine gewisse Unberechenbarkeit für einen Fußballlehrer ist, und gibt Voßler damit ein nicht zu unterschätzendes Werkzeug für seine weitere Laufbahn als Trainer mit auf den Weg.

## Vaterfigur

Immer wieder hört man Spieler wie Nils Petersen, Christian Günter oder Oliver Baumann von Christian Streich als Vaterfigur reden, denn ihr Trainer ist auch in schwierigen Situationen abseits des Vereins für sie da.

Für den ehemaligen Freiburger Torwart Oliver Baumann leistet Christian Streich in dieser Hinsicht Außergewöhnliches. Als Baumann seinen Vater 2012 nach einer zweijährigen Krebserkrankung beerdigen muss, ist Streich für seinen Schützling da und kümmert sich um ihn, wo er nur kann. Für Baumann ist der Verlust seines Vaters ein herber Schicksalsschlag. Er tut sich sehr schwer damit, doch die Vaterfigur Streich hört ihm zu und findet die richtigen Worte. Der Trainer zeigt Fingerspitzengefühl, erkundigt sich außerhalb des Platzes regelmäßig nach der Gefühlslage seines Torwarts und dessen Familie.

Oliver Baumann lernt viel von seinem Trainer, nicht nur in Sachen Fußball, auch menschlich. Der einfühlsame Streich erzieht seinen Schützling zu einem echten Profi und bringt ihm neben dem nötigen Rüstzeug eines Fußballspielers zusätzlich Werte wie Respekt und Demut näher. Unter Streich macht Baumann seine ersten Schritte als junger Profi, das Verhältnis ist von Anfang an »sehr familiär«, erzählt Freiburgs ehemaliger Keeper im Interview. Dabei ist es nicht so, dass Streich den jungen Spieler mit Samthandschuhen anfasst. Nein, die Erwartungen des Freiburger Trainers sind hoch, doch im Gegenzug gibt er seinen Spielern viel zurück, vor allem auf menschlicher Ebene. Nur als Baumann 2014 zur TSG Hoffenheim wechselt, zeigt Streich sich geknickt. Es ist gut vorstellbar, dass er auf gewisse Weise den Schmerz eines Vaters fühlt, der einen Sohn verliert.

Doch so ist das im Leben, die Söhne werden erwachsen und gehen ihre eigenen Wege, und ein guter Vater, wie Streich zweifellos einer ist, akzeptiert die Entscheidung. Auch wenn es wehtut.

## Der Fahrraddieb

In seiner langen Trainerlaufbahn erlebt Christian Streich so manch kuriosen Moment. Es ist eine Zeit der Höhen und Tiefen, und hin und wieder ereignen sich Szenen, die sogar den sonst so schlagfertigen Freiburger Trainer sprachlos machen. Zumindest fast.

Nach einer 0:3-Niederlage gegen den VfL Wolfsburg im heimischen Dreisamstadion will er sich mies gelaunt auf den Heimweg machen. Schon seit vielen Jahren zieht er sein Fahrrad dem Auto vor, schon allein aufgrund der Tatsache, dass man sich damit so manchen Stau ersparen kann. Doch an diesem Tag hat Streich gleich doppelt Pech. Zuerst kassiert seine Mannschaft eine herbe Klatsche auf eigenem Rasen, dann ist auch noch sein Fahrrad verschwunden. Da er es vor dem Spiel direkt vor dem Trainerbüro des Sportclubs abstellt, verzichtet er darauf, seinen Drahtesel abzuschließen. Schließlich befindet er sich auf heimischem Terrain, bewegt sich quasi als Leitwolf im eigenen Revier. Wer käme auf die Idee, dass jemand ausgerechnet ihm das Fahrrad klauen würde?

Die Videoaufnahmen der Stadionüberwachung belegen den Tatbestand jedoch zweifelsfrei. Ein Stadiongast, der nach dem 0:3 in der 65. Minute die Ränge verlässt und sich auf den Heimweg macht, schnappt sich unverschämterweise Christian Streichs Fahrrad, tritt in die Pedale und radelt davon. Als wäre das nicht genug, trägt der Kerl zudem eine Kapuze, die sein Gesicht vor den Kameras verbirgt. Damit ist jedweder Gedanke an eine Suchaktion oder gar Fahndung nach dem Dieb von vornherein sinnlos und Christian Streich ist der Gelackmeierte. In der schönen Universitätsstadt Freiburg mag Fahrraddiebstahl für manchen als Kavaliersdelikt durchgehen, aber nicht, wenn es sich um das Rad des Freiburger Cheftrainers handelt.

Als Streich einige Zeit später recht betrübt zu Hause ankommt, fragt ihn seine Frau umgehend, weshalb er erst jetzt daheim sei. »Weil ich laufen musste«, antwortet Streich trocken.

Natürlich hat er seitdem längst ein neues Rad, doch der Diebstahl hat ihn eines gelehrt: Einfach so, ohne Schloss, parkt er sein bevorzugtes Gefährt nicht mehr vor dem Stadion. Man weiß ja nie, wann der nächste Langfinger seine Runden dreht.

## Der Malermeister aus Gundelfingen

Freiburg im Breisgau ist weit über die Grenzen Südbadens hinaus für seine Schönheit berühmt. Insbesondere die von kleinen Bächlein durchzogene Innenstadt sowie der historische Münsterplatz samt der imposanten gotischen Kirche stoßen bei Einheimischen wie Touristen auf große Beliebtheit. Ein besonderer Leckerbissen im Freiburger Altstadttrubel ist der Münstermarkt, auf dem Bauern und Händler aus der Region ihre Produkte anbieten.

Als Sport1 auf dem Markt eine Passantenbefragung zum Trainer des Freiburger Sportclubs durchführt, zeigen sich die Menschen voll des Lobes über Christian Streich. Die Befragten geraten geradezu ins Schwärmen und preisen ihren beliebten Fußballlehrer für seine Einzigartigkeit sowie für seine unverblümte Art und sind sich einig: Streichs Auftritte, die Bilder im Fernsehen und nicht zuletzt seine Aussagen bei unzähligen Pressekonferenzen zaubern den Zuschauern Woche für Woche ein Strahlen ins Gesicht.

Auf die Aussage einer Freiburger Marktfrau, die ihn mit einer Raupe vergleicht, die sich als Schmetterling entpuppt, reagiert Streich in einer späteren Pressekonferenz mit Sprachlosigkeit. Als er auch noch als Kultfigur bezeichnet wird, stellt er klar: Kult, das sind die Rolling Stones. Er selbst sei maximal »ein Kültle«.

Einer der Befragten auf dem Münsterplatz fällt jedoch aus der Reihe und liefert Streich mit seiner Aussage geradezu eine Steilvorlage. Es ist ein junger Mann, der sich gerade eine Wurst am in Freiburg früher so beliebten Imbissstand von Paule Karle-Hämmerle holt. Damals lebte der gelernte Metzger noch und verwöhnte die Freiburger mit seinen selbst gemachten Spezialitäten vom Grill. Heute erinnert ein Gedenkstein an Paule, der seine Gedanken stets ebenso ungeniert äußerte wie Christian Streich. Doch das nur am Rande.

Auf die Frage, wer Christian Streich sei, zögert der junge Mann mit der Wurst in der Hand einen Moment, ehe er den Sport1-Reporter mit seiner Reaktion überrascht. Ohne mit der

Wimper zu zucken, sagt er im Breisgauer Dialekt: »Des isch der Malermeister aus Gundelfingen.«

Die Antwort sorgt nicht nur auf dem Münstermarkt für herzliches Gelächter. Auch Christian Streich grinst über das ganze Gesicht, als er etwas später auf einer Pressekonferenz mit der Aussage des Passanten konfrontiert wird. Der Mann spreche ihm »aus der Seele«, scherzt Streich, und wieder einmal ist die Pressekonferenz erfüllt vom Lachen der Reporter.

## Der Deckungsschatten

Christian Streich sitzt wie so oft nach einem Spiel im Scheinwerferlicht und steht den Journalisten bei einer Pressekonferenz Rede und Antwort. Er ist gerade dabei, eine Spielszene zu beleuchten, und immer wieder fällt der Begriff »Deckungsschatten«. Sascha Glunk, Pressesprecher des SC Freiburg, kann mit dem Ausdruck nichts anfangen und fragt den Cheftrainer frei von der Leber weg, was denn dieser Deckungsschatten sei.

Streich wirkt einen Moment lang verdutzt, legt dann aber mit gewohnter Souveränität das Konzept des Deckungsschattens dar und erweitert so kurzerhand den taktischen Horizont des Freiburger Pressesprechers. Damit wäre Sascha Glunks Frage geklärt und prompt schleicht sich ein spitzbübisches Lächeln auf Streichs Lippen. An die Reporter gewandt witzelt er noch ein bisschen über die Unwissenheit seines Kollegen und entschuldigt sich mit einem breiten Grinsen bei den versammelten Journalisten, womit die Pressekonferenz für diesen Tag beendet ist.

So redselig sich Streich oft zeigt, wird es ihm manchmal auch zu bunt mit den Fragen der Pressevertreter. Nach einem Unentschieden gegen den VfB Stuttgart im Februar 2019 strapaziert Sky-Reporter Marcus Lindemann die Nerven des Freiburger Trainers derart, dass dieser jegliche weitere Antwort verweigert. Lindemann möchte von Streich wissen, ob das Remis aus seiner Sicht in Ordnung gehe, und schon entwickelt sich ein regelrechtes Katz-und-Maus-Spiel.

Immer wieder hakt Lindemann nach und möchte dem Freiburg-Coach eine Stellungnahme zur Gelb-Roten Karte für Mario Gómez entlocken. Doch Streich bleibt stoisch und reagiert gleich fünfmal mit dem entwaffnenden Satz: »Ich sag nix«, bevor er sich bedankt und das Interview beendet.

Ein weiteres Schmankerl aus dem Hause Streich serviert der Hausherr 2013 während einer Pressekonferenz. An diesem Tag zeigt sich der Kulttrainer ungehalten über die Art und Weise, wie ein *Bild*-Reporter ihn zitiert, und weist als studierter Germanist auf den kleinen, aber feinen Unterschied zwischen den Formulierungen »es kann sein« und »es wird sein« hin. Ersteres sei spekulativ, erklärt Streich sinngemäß, Letzteres hingegen eine definitive Aussage. Für ihn fühle es sich so an, als habe der Journalist ihm eine Lüge in den Mund gelegt, daher weigere er sich, dessen Frage zur Freiburger Aufstellung zu beantworten. Christian Streich ist konsequent, ganz gleich, ob es um die korrekte Verwendung der deutschen Sprache oder um einen respektvollen Umgang miteinander geht. Er selbst kann der Situation zwar keine Komik abgewinnen, sorgt mit seiner Aussage aber für Erheiterung unter den Anwesenden.

# Quarantäne

Im Oktober 2022 ereignen sich abermals kuriose Szenen um den Freiburger Cheftrainer. Die Begebenheit fällt in die schwierige Coronazeit. Da Streich positiv getestet wird, ist er per Infektionsschutzgesetz zum Hausarrest verdonnert. Er lässt es sich aber nicht nehmen, bei der Pressekonferenz vor der Europa-League-Partie gegen Nantes mitzumischen. Selbstverständlich nicht persönlich, nein, er hält sich an die Regeln und wird per Video zugeschaltet. Von der heimischen Küche aus beantwortet er die Fragen der Presse, teilt mit, dass es ihm den Umständen entsprechend passabel gehe. Er habe Kopfschmerzen und sei nicht gerade energiegeladen, ansonsten sei es aber okay, so Streich.

Jetzt kann er noch ausruhen, in der folgenden Woche will er aber unbedingt mit seiner Mannschaft nach Nantes fahren. Dafür benötigt er zuerst einen negativen Coronatest und trinkt deshalb unentwegt Wasser. Das soll den Prozess beschleunigen und ihn schneller wieder zurück zu seinen Jungs bringen, die ihn jetzt schon sehr vermissen.

Für das Bundesligaspiel am Wochenende wird es auf keinen Fall reichen. Damit trägt sein Co-Trainer Lars Voßler für diesen Spieltag die Verantwortung für das Freiburger Team. Streich will sich das Spiel aber keinesfalls entgehen lassen und es vom Wohnzimmer aus verfolgen. Dafür braucht er technische Unterstützung, denn im öffentlich-rechtlichen Fernsehen wird die Partie nicht übertragen. Zum Glück gibt es da einen Fachmann beim Sportclub, der zu Streich nach Hause fährt und ihm alles so einrichtet, dass er zumindest am Bildschirm mit dabei sein kann, wenn seine Mannschaft gegen Hertha BSC antritt. Zum Ende der Pressekonferenz lässt Streich noch seine etwas eingerosteten Französischkenntnisse aufblitzen und bedankt sich bei dem französischen Dolmetscher für seine Arbeit. Sogar mit einer Coronaerkrankung bleibt der Freiburger Coach stets um Höflichkeit bemüht.

Später am Abend zeigen die Breisgauer mit einem 2:2, dass sie auch ohne ihren Cheftrainer eine anständige Leistung abrufen können. Rechtzeitig zum Auswärtsspiel gegen Nantes ist Christian Streich dann wieder mit dabei und feuert seine Spieler von der Seitenlinie aus an. Das Ergebnis spricht für sich. Mit 4:0

fertigen die Breisgauer die Gastgeber aus Frankreich an diesem Abend ab und feiern den Sieg zusammen mit ihrem Trainer. Wieder gesund und dann so ein spektakulärer Auftritt seiner Mannschaft! Schöner kann die Rückkehr auf die Trainerbank kaum ausfallen.

## Redefreiheit

Die altbekannte Floskel »Reden, wie einem der Schnabel gewachsen ist« gibt es in leicht abgewandelter Form natürlich auch in Christian Streichs Heimat Südbaden. Leicht abgewandelt deshalb, weil die Badener nicht reden, sondern schwätzen. Dass dieses Sprichwort auf Christian Streich passt wie die Faust aufs Auge, muss eigentlich nicht extra erwähnt werden.

Streich ist allerdings nicht der Einzige im deutschen Fußball, der sich bisweilen ungefiltert Luft macht und klipp und klar seine Meinung sagt. Im Oktober 2016 reißt seinem Kollegen Roger Schmidt – damals Cheftrainer von Bayer 04 Leverkusen – im Spiel gegen die TSG Hoffenheim die Hutschnur und er bezeichnet den gegnerischen Coach Julian Nagelsmann am Spielfeldrand als »Spinner«. Schmidt legt sogar noch nach und schießt ein gesalzenes »Halt [...] die Schnauze« hinterher.

Der DFB hat für solche verbalen Attacken keinerlei Verständnis und verurteilt den Leverkusener Trainer zu einer Geldstrafe von 15 000 Euro sowie zu einer Sperre für zwei Spiele. Dieses fast schon drakonische Strafmaß kann Christian Streich absolut nicht nachvollziehen, weshalb er sich im Interview eindeutig auf Roger Schmidts Seite positioniert. Für Streich verbirgt sich hinter der Causa Schmidt eine Vorführung der Bundesligatrainer. Seine Kollegen und er stünden nach seinem Dafürhalten unter einem derart gewaltigen Druck, dass einem durchaus mal ein böses Wort über die Lippen kommen kann, wenn es zu hitzigen Situationen auf dem Platz kommt. Genau deshalb springt er für Schmidt in die Bresche und relativiert dessen Angriff auf Nagelsmann. Überhaupt sei die Bezeichnung »Spinner« in Sachen Beleidigung eine recht milde Wortwahl und als erwachsener Mann sollte man damit umgehen können, wenn jemand meint, man solle »die Schnauze« halten, findet der Freiburger Trainer. Er spricht von extremen Situationen und der Notwendigkeit, der eigenen

Anspannung Luft zu machen, und sieht in der permanenten Präsenz von Kameras und Mikrofonen in der Coachingzone eine Form der Überwachung, die ihm absolut nicht schmeckt.

Für Streich ist die Geschichte eine mediale Ausbeutung eines relativ harmlosen verbalen Ausrutschers, wie er im Profifußball hin und wieder vorkommt. Er bringt zum Ausdruck, dass auch Fußballtrainer »ganz normale Menschen« seien, und rückt den Eklat in ein anderes, vielleicht etwas realistischeres Licht. Je länger er spricht, umso mehr kommt Streich in Fahrt. Er will in diesem Zusammenhang auch nichts von Pädagogik hören, denn er macht sich diesbezüglich nichts vor. Jedes Kind in diesem Land habe derlei Ausdrücke schon einmal gehört, und wenn zu ihm jemand sagt, er soll die Klappe halten, sei ihm das schnurzegal. Dass man für die innere Anspannung ein Ventil brauche und diese mitunter über solche Aussagen herauslasse, sei für ihn völlig normal. Streit und Konflikte sind für Streich etwas völlig Natürliches. Wer weiß, vielleicht kommt ihm in diesem Kontext die ein oder andere Erinnerung aus der Metzgerei seiner Kindheitstage hoch.

Auf jeden Fall behagt ihm die Art und Weise nicht, wie die Presse auf Schmidt und andere Trainer einschlägt, wenn sie sich nicht peinlich an die Etikette der vornehmen Gesellschaft halten. Laut Streich schneiden sich die Journalisten durch ihre Haltung ins eigene Fleisch, denn sie sterilisierten durch ihre Forderung nach einer von Flüchen befreiten Ausdrucksweise den sonst so emotionalen Fußball und beschnitten damit die Lebendigkeit des weltweit so beliebten Sports.

## Eine lebende Legende

In seiner Zeit als U19-Trainer an der Freiburger Fußballschule fährt Christian Streich eines Sonntags mit seiner Mannschaft mal wieder nach München, wo im Grünwalder Stadion ein Spiel gegen die Bayern-Jugend auf dem Plan steht. Es ist noch relativ früh und die Freiburger stehen am Stadion vor verschlossenen Türen.

Statt blöd in der Gegend herumzugucken, vertritt sich Streich zusammen mit dem einstigen sportlichen Leiter der Fußballschule Klemens

Hartenbach etwas die Beine, als Hartenbach plötzlich Gerd Müller erblickt. Aufgeregt macht er Streich auf die Anwesenheit des »Bombers der Nation« aufmerksam und auch jener glaubt es kaum. Es ist tatsächlich Gerd Müller, eine deutsche Fußballlegende, die da leibhaftig auf der anderen Straßenseite wandelt. Zutiefst beeindruckt von der Präsenz des Idols aus der Kindheit halten die beiden Freiburger zuerst respektvoll Abstand und beobachten den einstigen Nationalstürmer aus der Entfernung.

Als sich dann die Tore des Grünwalder Stadions öffnen, passiert es. Streich und Hartenbach gehen auf Gerd Müller zu, der die beiden freundlich begrüßt. Ehrfürchtig erwidern die beiden Breisgauer den Gruß der Stürmerlegende und schütteln Müller sogar die Hand. Etwas später beginnt das Spiel gegen die Bayern-Jugend. Die Tatsache, dass die Breisgauer an diesem Sonntag als Verlierer nach Hause fahren, ist für Streich angesichts der Begegnung mit Gerd Müller allerdings halb so schlimm. Immerhin durfte er dem Spieler, den er als Kind einst so bewunderte, von Angesicht zu Angesicht begegnen. Eine Niederlage gegen den FC Bayern scheint dafür ein recht geringer Preis zu sein.

# Disziplin

Der SC Freiburg ist für Christian Streich nicht nur ein Arbeitgeber, der Sportclub ist seine Heimat und ein wesentlicher Teil seiner Identität. Das hält den Coach jedoch nicht davon ab, immer wieder über den Tellerrand zu blicken und Themen aus aller Welt mit seiner Sichtweise zu beleuchten. Da kann es durchaus passieren, dass der Fußballlehrer aus Südbaden Vorstöße in politische Entwicklungen wagt, das Weltgeschehen analysiert oder über die Bedeutung einer produktiven Integration von Migranten und Geflüchteten spricht.

Als passionierter Fußballer und Trainer kommt er nicht umhin, das internationale Geschehen zu kommentieren, und da führt natürlich kein Weg vorbei am Weltfußballer Christiano Ronaldo. Ob es nun darum geht, dass Ronaldo von der Presse kritisiert wird, weil er sich am Vorabend eines Spiels eine neue Frisur zulegt, oder ob ihm vorgeworfen wird, er sei ein »Showman« – Christian Streich zeigt sich voll des Lobes für seinen portugiesischen Namensvetter.

Er sehe überhaupt kein Problem darin, wenn sich ein Fußballprofi vor einer Partie die Haare schneiden lässt. Schließlich habe er das selbst schon gemacht und könne aus eigener Erfahrung sagen, dass ein Friseurbesuch die Konzentration in keiner Weise störe. In seiner direkten Art bezeichnet Streich die Kritik an Ronaldo, nur weil er einen Hairstylisten aufsucht, unmissverständlich als »Vollblödsinn«.

Wo die Medien in Ronaldo einen Showman sehen wollen, sieht Streich vor allem eines: einen absolut disziplinierten Fußballprofi, der alles dafür gibt, um besser als die Konkurrenz zu sein. Der Stürmerstar aus Portugal, davon ist Streich überzeugt, befindet sich nur deshalb an der Weltspitze des internationalen Fußballs, weil er Tag für Tag einen Trainingseinsatz an den Tag legt, von dem sich jeder Einzelne seiner Spieler eine ordentliche Scheibe abschneiden könnte. Wäre das der Fall, dann hätte er eine perfekte Mannschaft.

Ja, Streich geht sogar so weit, Ronaldo »schöne Muskeln« zu attestieren, und bringt die Pressevertreter mit seiner Aussage aufs Neue zum Schmunzeln. Dabei ist ihm die Sache völlig ernst. Sollte ein Ronaldo oder ein Messi sich bereit erklären, dem Freiburger Kader beizutreten, stellt Streich klar, sie würden mit Sicherheit spielen. Mit trockenem Humor fügt er hinzu, dass diese Vorstellung fernab jeglicher Realität liegt, da die Gehälter der beiden Superstars schlichtweg die Vereinskasse sprengen würden. Damit ist die Atmosphäre in der Pressekonferenz vollends gelöst und wie so oft, wenn Christian Streich seine Meinung kundtut, macht sich in den Reihen der Journalisten Gelächter breit.

## Streich will aufs Konzert

Kulttrainer Christian Streich gehört genauso zum Sportclub wie das Freiburger Europa-Park-Stadion und die Vereinsfarben. Es scheint unvorstellbar, dass er einmal nicht an der Seitenlinie stehen könnte. Seine durch das Coronavirus bedingte Quarantänezeit bildet da natürlich einen Sonderfall und kommt fast schon höherer Gewalt gleich. Wenn es nach ihm geht, ist Streich bedingungslos für seine Mannschaft da und zeigt stets vollen Einsatz, egal ob es gegen den Tabellenersten oder -letzten geht.

In seinen zwölf Jahren als Cheftrainer an der Dreisam gibt es nur ein einziges Mal, dass Christian Streich lieber nicht bei seiner Mannschaft wäre. An einem Sonntag im Dezember 2021 gibt einer seiner Lieblingsgitarristen ein Konzert im nahe gelegenen Schweizer Biel und Streich hat schon vor Monaten Karten für sich und einige Freunde gekauft. Daher herrscht bereits große Vorfreude, die allerdings durch die Auslosung der Begegnungen in der Bundesliga bald getrübt wird. Ausgerechnet an dem Tag, als er nach Biel fahren möchte, steht ein Spiel gegen Borussia Mönchengladbach an.

»Da habe ich mich echt geärgert«, gibt Streich offen zu und zieht einen Vergleich zwischen einer Champions-League-Partie und dem Konzert, das nun wohl oder übel ohne ihn stattfinden wird. Wenn er die Wahl hätte zwischen einem Fußballspiel in der Königsklasse und einem Gig des Gitarristen, dessen Namen er nicht nennen möchte, müsste er nicht lange überlegen und würde sich für Letzteres entscheiden. Zu seiner Enttäuschung stellt sich jedoch keine der beiden Optionen. Die Musikveranstaltung fällt für Christian Streich ins Wasser und bei der Partie gegen Gladbach kann von Champions League keine Rede sein.

Streich wäre aber nicht Streich, wenn er sich trotz aller Begeisterung für den mysteriösen Gitarristen nicht für seine Pflicht entscheiden würde, und so fahren seine Freunde ohne ihn nach Biel, während er mit seiner Mannschaft gegen die Fohlen antritt.

Ob es nun ausgleichende Gerechtigkeit ist oder die Fußballgötter Christian Streich an diesem Sonntagabend besonders gewogen sind, lässt sich nur schwer beantworten. Der 6:0-Kantersieg gegen Gladbach an diesem Tag wirkt jedenfalls wie eine Wiedergutmachung und geht als höchster Bundesligasieg der Breisgauer in die Vereinsgeschichte ein. Ja, es ist überhaupt Streichs erster Triumph in Gladbach. Nach dem Spiel scheint das Konzert völlig vergessen zu sein, nahezu in Schockstarre sitzt Streich in der Pressekonferenz und zieht sein Resümee. Er kann selbst nicht erklären, wie seine Mannschaft diese unglaubliche Leistung abgeliefert hat. In seinem Gesicht sucht man vergeblich die Freude über den Rekordsieg, vielmehr zeigt sich Streich mitfühlend mit den Gastgebern, die so eine herbe Niederlage einstecken müssen. Wie auch immer er sich direkt nach dem Spiel fühlen mag, im Nachhinein ist er gewiss nicht allzu traurig, dass er an diesem Sonntag mit seinen Jungs im Stadion ist statt bei dem Konzert in der Schweiz.

## Der Bundespräsident

Alle fünf Jahre findet sich in Berlin die Bundesversammlung zur Wahl des deutschen Bundespräsidenten ein. Dazu gehören alle Mitglieder des Bundestags sowie eine gleiche Zahl an Vertretern der Bundesländer, zusätzlich werden einige bekannte Persönlichkeiten aus dem öffentlichen Leben zur Wahl des Bundespräsidenten berufen. Insgesamt sind es mehr als 1400 Wählerinnen und Wähler. Neben Vertretern aus der Musik-, Schauspiel- und Medienbranche zählen im Jahr 2022 wieder einige Namen aus der Welt des Fußballs zu der illustren Gesellschaft, die sich in der Hauptstadt einfindet, um ein neues Staatsoberhaupt für die Bundesrepublik zu wählen. Zusammen mit Leon Goretzka, Hansi Flick und vielen anderen wird in diesem Jahr auch Freiburgs Aushängeschild Christian Streich nach Berlin eingeladen.

Bevor er die Reise in die Hauptstadt antreten kann, gilt es, noch ein Bundesligaspiel gegen

Mainz 05 zu bestreiten, was für Streich im Hinblick auf seine Laune, mit der er zur Bundesversammlung fährt, ausschlaggebend ist. Er freut sich zwar auf Berlin und die bevorstehende Wahl, mit einer Niederlage im Gepäck wäre es allerdings schwierig für ihn, sich entspannt und guter Dinge auf das besondere Erlebnis einzulassen. Der angestrebte Sieg bleibt zwar aus, aber seiner Mannschaft gelingt zumindest ein 1:1 gegen die Mainzer und der Wahl stellen sich von Streichs Seite keine größeren Hindernisse in den Weg.

Rückblickend bezeichnet Streich die Bundespräsidentenwahl als ein »tolles Erlebnis«. Gefallen habe ihm vor allen Dingen, dass man sich in Berlin »auf Augenhöhe« begegnet sei. Es sind hauptsächlich die persönlichen Zusammenkünfte, die für den Trainer an diesem Tag hervorstechen. Besonders erwähnenswert sind für ihn im Nachhinein der Nobelpreisträger für Chemie Benjamin List und der Astronaut Alexander Gerst. Für Streich sind die Begegnungen mit diesen Persönlichkeiten alles andere als alltäglich. Doch auch die Wahl an sich gibt ihm ein Gefühl der Zuversicht, ja, sie stärkt seinen Glauben an die Demokratie in Deutschland.

»Es war schön«, resümiert Christian Streich, so sachlich und unspektakulär fällt sein Fazit aus. Wahrscheinlich braucht er seine emotionale Seite für die nächste Partie in der Bundesliga, die nicht allzu lange auf sich warten lässt.

## Urgestein

Nach zwölf Jahren auf dem Trainerstuhl des SC Freiburg zieht Christian Streich den Schlussstrich und hört auf. Der Tag, an dem er seine Entscheidung bekannt gibt, ist ein trauriger Tag sowohl für die Spieler als auch für die Fans des Sportclubs, doch sie gönnen ihrem langjährigen Trainer natürlich die Verschnaufpause.

Zwölf Jahre bei einem Verein! So eine lange Amtszeit ist im Profifußball eine Seltenheit, wie so mancher Trainer bei großen und kleineren Clubs schmerzhaft erfahren muss. Dass die Situation in Streichs Fall eine andere ist, hat sowohl mit ihm als auch mit dem Verein zu tun. Der SC Freiburg gilt trotz seines mittlerweile beachtlichen Erfolgs immer noch als vergleichsweise familiärer und bodenständiger Proficlub. Und Christian Streich dient seinem

Verein in seiner langen Tätigkeit für den SC nicht nur als Headcoach, sondern zugleich als Galionsfigur. Er und sein Club sind aus demselben Holz geschnitzt.

Streich ist Badener vom Scheitel bis zur Sohle und fühlt sich in Freiburg so zu Hause wie nirgendwo anders. Das zeigt sich nicht zuletzt darin, dass er seinem badischen Dialekt trotz aller Medienpräsenz stets treu bleibt. In seinen Adern fließt südbadisches Blut und er verstellt sich keine Sekunde lang. In Freiburg genießt er längst Legendenstatus, wird deutschlandweit von Spielern, Fans, Trainerkollegen, Reportern und sogar von Schiedsrichtern wie Deniz Aytekin gleichermaßen respektiert und bewundert. Nach dem Grund muss man nicht lange suchen. Man braucht Streich nur ein paar Momente zu beobachten, sich ein oder zwei seiner kultigen Interviews anzuschauen, und seine Authentizität wird sofort offensichtlich.

Kaum jemand verkörpert Freiburg und den Breisgau so formvollendet wie Christian Streich. Daher ist es nicht weiter verwunderlich, dass ihn seine Fans zum Abschied geradezu mit Geschenken überhäufen. Nach dem Training warten die Fans schon auf Christian

Streich und bringen ihm Wein und gerahmte Bilder im Austausch für ein Autogramm und ein gemeinsames Foto mit. Wochenlang spielen sich vor dem Freiburger Europa-Park-Stadion Abschiedsszenen ab. Es hat den Anschein, als wollte jeder einzelne Freiburger sich vom scheidenden Trainer persönlich verabschieden. Streich ist von der Zuneigung seiner Fans sehr berührt, auch wenn ihm die vielen Geschenke etwas unangenehm sind. Da blitzt sie wieder auf, seine viel gerühmte Bescheidenheit. Im Interview gibt er zu, wie nahe ihm der Abschied und die Gesten der Freiburganhänger gehen, stellt aber sofort pragmatisch klar, dass er nicht den lieben langen Tag vor dem Stadion sitzen und mit den Leuten Tränen vergießen kann. Neben seiner ungeschminkten Art ist es auch diese einzigartige Mischung aus Gefühl und Realitätssinn, die Streich so nahbar und beliebt macht.

Mit dem ehemaligen Freiburger Mittelfeldspieler Julian Schuster ist bereits ein Nachfolger aus den eigenen Reihen gefunden. Wie schon in Streichs Fall vor zwölf Jahren wird der Trainerstuhl erneut intern besetzt. Ob Schuster an Streichs Erfolge anknüpfen kann, bleibt abzuwarten. Eines steht jedenfalls fest: Der Abschied von Christian Streich hinterlässt eine riesengroße Lücke im Fußballgeschäft, und zwar nicht nur beim SC Freiburg, sondern in der gesamten Bundesliga.

Ein Hoffnungsschimmer bleibt jedoch. So mancher Trainer wie zum Beispiel Jupp Heynckes ist nach längerer Pause doch wieder zurückgekehrt, um eine Mannschaft anzuführen. Vielleicht sehen wir ja auch Christian Streich eines Tages wieder an der Seitenlinie, wie er leibt und lebt und tobt und lacht.

Abschließend gibt es nur noch eines zu sagen: Vielen Dank, Christian Streich, für all die emotionalen, berührenden und unvergesslichen Momente!

# Quellen

## Vorwort

Anita Westrup: »Drahtesel statt Dribblings. Räder reparieren statt Politik: Das sind die Zukunftspläne von Christian Streich«; *swr.de*; https://www.swr.de/swraktuell/baden-wuerttemberg/suedbaden/christian-streich-will-fahrraeder-reparieren-zukunfts-plaene-100.html; online abgerufen am 14.7.2024.

Sarah Knauth: »Christian Streich privat: Freiburg-Trainer macht Schluss – So lebt er mit seiner Familie«; *news.de*; https://www.news.de/promis/855932555/christian-streich-privat-mit-familie-frau-wohnort-kinder-lebenslauf-karriere-als-spieler-trainer-sc-freiburg-aktuell/1/; online abgerufen am 3.8.2024.

Artikel »Christian Streich«; *wikipedia.org*; https://de.wikipedia.org/wiki/Christian_Streich; online abgerufen am 14.7.2024.

»SC Freiburg: Best of Christian Streich 2012 bis 2024«; *youtube.com*; https://www.youtube.com/watch?v=sDLBBO65ND0; online abgerufen am 14.7.2024.

»Christian Streich – Ende einer Ära«; *ardmediathek.de*; https://www.ardmediathek.de/video/christian-streich-ende-einer-aera/christian-streich-ende-einer-aera/swr/Y3JpZDovL3N3ci5kZS9h-ZXgvbzIwNTI0NTQ; online abgerufen am 14.7.2024.

## Explosiv

»Christian Streich – Ende einer Ära«; *ardmediathek.de*; https://www.ardmediathek.de/video/christian-streich-ende-einer-aera/christian-streich-ende-einer-aera/swr/Y3JpZDovL3N3ci5kZS9h-ZXgvbzIwNTI0NTQ; online abgerufen am 14.7.2024.

## Idole

»SC Freiburg: Best of Christian Streich 2012 bis 2024«; *youtube.com*; https://www.youtube.com/watch?v=sDLBBO65ND0; online abgerufen am 14.7.2024.

## Aktive Karriere

»Christian Streich – Ende einer Ära«; *ardmediathek.de*; https://www.ardmediathek.de/video/christian-streich-ende-einer-aera/christian-streich-ende-einer-aera/swr/Y3JpZDovL3N3ci5kZS9hZXgvbzIwNTI0NTQ; online abgerufen am 14.7.2024.

Johannes Wolf, Berries Boßmann, Lukas Dombrowski: »Die besten Freiburg-Anekdoten, Streich schimpfte: ›Du erpresst mich‹. Trainer-Legende vor letztem Heimspiel«; *bild.de*; https://sportbild.bild.de/fussball/sc-freiburg/sc-freiburg-die-emotionalsten-anekdoten-von-christian-streich-663c9d13a8485058948a4633; online abgerufen am 12.7.2024.

Artikel »Christian Streich«; *wikipedia.org*; https://de.wikipedia.org/wiki/Christian_Streich; online abgerufen am 14.7.2024.

## Aufwind

»Christian Streich – Ende einer Ära«; *ardmediathek.de*; https://www.ardmediathek.de/video/christian-streich-ende-einer-aera/christian-streich-ende-einer-aera/swr/Y3JpZDovL3N3ci5kZS9hZXgvbzIwNTI0NTQ; online abgerufen am 14.7.2024.

Artikel »Christian Streich«; *wikipedia.org*; https://de.wikipedia.org/wiki/Christian_Streich; online abgerufen am 14.7.2024.

»Was über sein Privatleben bekannt ist. Hört Streich wegen seiner Familie auf?«; *t-online.de*; https://www.t-online.de/unterhaltung/stars/id_100366646/christian-streich-hoert-der-freiburg-trainer-wegen-seiner-familie-auf-.html; online abgerufen am 3.7.2024.

Artikel »Christian Günter«; *wikipedia.org*; https://de.wikipedia.org/wiki/Christian_G%C3%BCnter; online abgerufen am 3.7.2024.

## Neue Wege

»Christian Streich – Ende einer Ära«; *ardmediathek.de*; https://www.ardmediathek.de/video/christian-streich-ende-einer-aera/

christian-streich-ende-einer-aera/swr/Y3JpZDovL3N3ci5kZS9h-ZXgvbzIwNTI0NTQ; online abgerufen am 14.7.2024.

Artikel »Freiburger Fußballschule«; *wikipedia.org*; https://de.wikipedia.org/wiki/Freiburger_Fu%C3%9Fballschule; online abgerufen am 1.7.2024.

## Der Neue

»Christian Streich – Ende einer Ära«; *ardmediathek.de*; https://www.ardmediathek.de/video/christian-streich-ende-einer-aera/christian-streich-ende-einer-aera/swr/Y3JpZDovL3N3ci5kZS9h-ZXgvbzIwNTI0NTQ; online abgerufen am 14.7.2024.

Johannes Wolf, Berries Boßmann, Lukas Dombrowski: »Die besten Freiburg-Anekdoten, Streich schimpfte: ›Du erpresst mich‹. Trainer-Legende vor letztem Heimspiel«; *bild.de*; https://sportbild.bild.de/fussball/sc-freiburg/sc-freiburg-die-emotionalsten-anekdoten-von-christian-streich-663c9d13a8485058948a4633; online abgerufen am 12.7.2024.

## Der erste Streich

»18-jähriges Nachwuchstalent entscheidet Kellerduell. Ginter rettet Freiburg den Dreier bei Streichs Debüt«; *kicker.de*; https://www.kicker.de/freiburg-gegen-augsburg-2012-bundesliga-1143444/analyse; online abgerufen am 4.7.2024.

»Bundesliga – Spielplan 2011/2012«; *fussballdaten.de*; https://www.fussballdaten.de/bundesliga/2012/spielplan/; online abgerufen am 4.7.2024.

»Christian Streich – Ende einer Ära«; *ardmediathek.de*; https://www.ardmediathek.de/video/christian-streich-ende-einer-aera/christian-streich-ende-einer-aera/swr/Y3JpZDovL3N3ci5kZS9h-ZXgvbzIwNTI0NTQ; online abgerufen am 14.7.2024.

## Heißsporn

»Christian Streich – Ende einer Ära«; *ardmediathek.de*; https://www.ardmediathek.de/video/christian-streich-ende-einer-aera/

christian-streich-ende-einer-aera/swr/Y3JpZDovL3N3ci5kZS9hZXgvbzIwNTI0NTQ; online abgerufen am 14.7.2024.

Johannes Wolf, Berries Boßmann, Lukas Dombrowski: »Die besten Freiburg-Anekdoten, Streich schimpfte: ›Du erpresst mich‹. Trainer-Legende vor letztem Heimspiel«; *bild.de*; https://sportbild.bild.de/fussball/sc-freiburg/sc-freiburg-die-emotionalsten-anekdoten-von-christian-streich-663c9d13a8485058948a4633; online abgerufen am 12.7.2024.

Jonas Nohe: »Schiri wehrt sich gegen Streich«; *sport1.de*; https://www.sport1.de/news/fussball/bundesliga/2018/03/schiri-aerger-beim-sc-freiburg-wegen-gelb-rot-gegen-nils-petersen-von-tobias-stieler; online abgerufen am 4.8.2024.

## David gegen Goliath

»Abschlusstabelle der Bundesliga 2012/2013«; *fussballdaten.de*; https://www.fussballdaten.de/bundesliga/2013/tabelle/; online abgerufen am 5.7.2024.

»Abschlusstabelle der Bundesliga 2013/2014«; *fussballdaten.de*; https://www.fussballdaten.de/bundesliga/2014/tabelle/; online abgerufen am 5.7.2024.

»SC Freiburg – FC Bayern München«; *fussballdaten.de*; https://www.fussballdaten.de/bundesliga/2015/33/freiburg-bmuenchen/; online abgerufen am 5.7.2024.

»Hannover – SC Freiburg«; *fussballdaten.de*; https://www.fussballdaten.de/bundesliga/2015/34/hannover-freiburg/; online abgerufen am 5.7.2024.

»Christian Streich – Ende einer Ära«; *ardmediathek.de*; https://www.ardmediathek.de/video/christian-streich-ende-einer-aera/christian-streich-ende-einer-aera/swr/Y3JpZDovL3N3ci5kZS9hZXgvbzIwNTI0NTQ; online abgerufen am 14.7.2024.

## Im Fokus

»Streich schenkt Keller ein! Kaffeekränzchen in Freiburg«; *dailymotion.de*; https://www.dailymotion.com/video/x1stx57; online abgerufen am 5.7.2024.

Jakob Böllhoff: »Arbeit statt Performance«; *fr.de*; https://www.fr.de/sport/fussball/arbeit-statt-performance-10978533.html; online abgerufen am 5.7.2024.

»Christian Streich – Ende einer Ära«; *ardmediathek.de*; https://www.ardmediathek.de/video/christian-streich-ende-einer-aera/christian-streich-ende-einer-aera/swr/Y3JpZDovL3N3ci5kZS9hZXgvbzIwNTI0NTQ; online abgerufen am 14.7.2024.

## Ausgezeichnet

»SC Freiburg: Best of Christian Streich 2012 bis 2024«; *youtube.com*; https://www.youtube.com/watch?v=sDLBBO65ND0; online abgerufen am 14.7.2024.

Artikel »Christian Streich«; *wikipedia.org*; https://de.wikipedia.org/wiki/Christian_Streich; online abgerufen am 14.7.2024.

Artikel »Julius-Hirsch-Preis«; *wikipedia.org*; https://de.wikipedia.org/wiki/Julius-Hirsch-Preis; online abgerufen am 5.7.2024.

»Christian Streich – Ende einer Ära«; *ardmediathek.de*; https://www.ardmediathek.de/video/christian-streich-ende-einer-aera/christian-streich-ende-einer-aera/swr/Y3JpZDovL3N3ci5kZS9hZXgvbzIwNTI0NTQ; online abgerufen am 14.7.2024.

## Bodycheck

»SC Freiburg: Best of Christian Streich 2012 bis 2024«; *youtube.com*; https://www.youtube.com/watch?v=sDLBBO65ND0; online abgerufen am 14.7.2024.

»David Abraham – Eintracht Kapitän bleibt nach Bodycheck lange gesperrt«; *stuttgarter-zeitung.de*; https://www.stuttgarter-zeitung.de/inhalt.david-abraham-eintracht-kapitaen-bleibt-nach-bodycheck-lange-gesperrt.13575cbd-d3e3-4e14-9c55-71a634e54a67.html; online abgerufen am 5.7.2024.

»Bodycheck gegen Freiburg-Trainer Christian Streich: So entschuldigt sich David Abraham«; *gq-magazin.de*; https://www.gq-magazin.de/entertainment/artikel/bodycheck-entschuldigung-streich-abraham; online abgerufen am 5.7.2024.

»SC Freiburg – Eintracht Frankfurt«; *fussballdaten.de*; https://www.fussballdaten.de/bundesliga/2020/11/freiburg-frankfurt/; online abgerufen am 5.7.2024.

»Christian Streich – Ende einer Ära«; *ardmediathek.de*; https://www.ardmediathek.de/video/christian-streich-ende-einer-aera/christian-streich-ende-einer-aera/swr/Y3JpZDovL3N3ci5kZS9h-ZXgvbzIwNTI0NTQ; online abgerufen am 14.7.2024.

## Berlin, Berlin

»DFB-Pokalfinale im Liveticker: Der SC Freiburg trifft auf RB Leipzig«; *sportbuzzer.de*; https://www.sportbuzzer.de/fussball/dfb-pokal/dfb-pokalfinale-im-liveticker-der-sc-freiburg-trifft-auf-rb-leipzig-E34F4C62D2355466DB45D7AF55.html; online abgerufen am 9.7.2024.

»SC Freiburg – RB Leipzig«; *fussballdaten.de*; https://www.fussballdaten.de/dfb-pokal/2022/finale/freiburg-rbleipzig/ticker/; online abgerufen am 9.7.2024.

»Christian Streich – Ende einer Ära«; *ardmediathek.de*; https://www.ardmediathek.de/video/christian-streich-ende-einer-aera/christian-streich-ende-einer-aera/swr/Y3JpZDovL3N3ci5kZS9h-ZXgvbzIwNTI0NTQ; online abgerufen am 14.7.2024.

## Haltung

Johannes Wolf, Berries Boßmann, Lukas Dombrowski: »Die besten Freiburg-Anekdoten, Streich schimpfte: ›Du erpresst mich‹. Trainer-Legende vor letztem Heimspiel«; *bild.de*; https://sportbild.bild.de/fussball/sc-freiburg/sc-freiburg-die-emotionalsten-anekdoten-von-christian-streich-663c9d13a8485058948a4633; online abgerufen am 12.7.2024.

## Unermüdlich

»Ende einer Ära. Die Höhen und Tiefen des Christian Streich beim SC Freiburg«; *sportschau.de*; https://www.sportschau.de/regional/swr/swr-ende-einer-aera-die-hoehen-und-tiefen-deschristian-streich-beim-sc-freiburg-100.html; online abgerufen am 12.7.2024.

Johannes Wolf, Berries Boßmann, Lukas Dombrowski: »Die besten Freiburg-Anekdoten, Streich schimpfte: ›Du erpresst mich‹. Trainer-Legende vor letztem Heimspiel«; *bild.de*; https://sportbild.bild.de/fussball/sc-freiburg/sc-freiburg-die-emotionalsten-anekdoten-von-christian-streich-663c9d13a8485058948a4633; online abgerufen am 12.7.2024.

## Weiter, immer weiter

Johannes Wolf, Berries Boßmann, Lukas Dombrowski: »Die besten Freiburg-Anekdoten, Streich schimpfte: ›Du erpresst mich‹. Trainer-Legende vor letztem Heimspiel«; *bild.de*; https://sportbild.bild.de/fussball/sc-freiburg/sc-freiburg-die-emotionalsten-anekdoten-von-christian-streich-663c9d13a8485058948a4633; online abgerufen am 12.7.2024.

## Vaterfigur

»Bundesliga. Oliver Baumann im Gespräch: ›Ich bin im Begriff, vielleicht schon zu Ostern meinen eigenen Verein zu gründen‹«; *bundesliga.com*; https://www.bundesliga.com/de/bundesliga/news/tsg-1899-hoffenheim-oliver-baumann-interview-22690; online abgerufen am 12.7.2024.

Johannes Wolf, Berries Boßmann, Lukas Dombrowski: »Die besten Freiburg-Anekdoten, Streich schimpfte: ›Du erpresst mich‹. Trainer-Legende vor letztem Heimspiel«; *bild.de*; https://sportbild.bild.de/fussball/sc-freiburg/sc-freiburg-die-emotionalsten-anekdoten-von-christian-streich-663c9d13a8485058948a4633; online abgerufen am 12.7.2024.

## Der Fahrraddieb

»Als Freiburger Trainer laufen musste. Streich erzählt Anekdote: ›Dann war auch noch mein Fahrrad weg‹«; *kicker.de*; https://www.kicker.de/streich-erzaehlt-anekdote-dann-war-auchnoch-mein-fahrrad-weg-1018991/video; online abgerufen am 13.7.2024.

Anita Westrup: »Drahtesel statt Dribblings. Räder reparieren statt Politik: Das sind die Zukunftspläne von Christian Streich«; *swr.de*; https://www.swr.de/swraktuell/baden-wuerttemberg/suedbaden/christian-streich-will-fahrraeder-reparieren-zukunfts-plaene-100.html; online abgerufen am 14.7.2024.

## Der Malermeister aus Gundelfingen

»Streich-Interview: Totale Verwirrung«; *sport1.de*; https://www.sport1.de/news/fussball/bundesliga/2024/05/bundesliga-kurioser-interview-moment-um-christian-streich-bei-sky; online abgerufen am 13.7.2024.

## Der Deckungsschatten

»Kurios: Christian Streich erklärt seinem Pressesprecher den ›Deckungsschatten‹«; *youtube.com*; https://www.youtube.com/watch?v=oKMYSARLfug; online abgerufen am 13.7.2024.

»Christian Streich sagt ›nix mehr‹: Das kurioseste Interview des 20. Spieltags«; *spox.com*; https://www.spox.com/de/sport/fussball/bundesliga/1902/Artikel/christian-streich-gibt-kurioses-interview-nach-last-minute-ausgleich.html; online abgerufen am 13.7.2024.

»Streich der Woche: Grammatikkurs für die *Bild*«; *youtube.com*; https://www.youtube.com/watch?v=_xb2WCAT5ao; online abgerufen am 13.7.2024.

## Quarantäne

»So kurios lief die Quarantäne-Pressekonferenz von Christian Streich«; *sport1.de*; https://www.sport1.de/tv-video/video/so-kurios-lief-die-quarantaene-pressekonferenz-von-christian-streich__991D39F0-2BC4-42C6-AED1-55EC625533A4; online abgerufen am 13.7.2024.

»Europa League. Wegen Corona: SC Freiburg gegen Nantes ohne Streich«; *sportschau.de*; https://www.sportschau.de/

newsticker/dpa-wegen-corona-sc-freiburg-gegen-nantes-ohne-streich-100.html; online abgerufen am 13.7.2024.

»Hertha BSC – SC Freiburg. Highlights | Bundesliga, 9. Spieltag 2022/23 | *sport*studio«; *youtube.com*; https://www.youtube.com/watch?v=4Vu7wpdfU9g; online abgerufen am 13.7.2024.

»FC Nantes – SC Freiburg«; *kicker.de*; https://www.kicker.de/nantes-gegen-freiburg-2022-europa-league-4815629/ticker; online abgerufen am 13.7.2024.

## Redefreiheit

»Brandrede: Streich ruft zur Solidarität mit Roger Schmidt auf«; *youtube.com*; https://www.youtube.com/watch?v=NE04n-suHMQY; online abgerufen am 13.7.2024.

»Schützenhilfe für Roger Schmidt. SCF-Coach Streich: ›Ich muss doch mal *Halt die Schnauze* sagen können‹«; *stern.de*; https://www.stern.de/sport/fussball/bundesliga/christian-streich-zur-causa-roger-schmidt---ich-muss-doch-mal--halt-die-schnauze--sagen-koennen--7117086.html; online abgerufen am 13.7.2024.

»Schmidt attackierte Nagelsmann: ›Halt die Schnauze‹«; *sport1.de*; https://www.sport1.de/tv-video/video/schmidt-attackierte-nagelsmann-halt-die-schnauze-__38A87DED-3300-43DA-8FE0-48D4BC25AD43; online abgerufen am 13.7.2024.

## Eine lebende Legende

»Streich der Woche: ›Dort drüben läuft Gerd Müller‹«; *youtube.com*; https://www.youtube.com/watch?v=Z0mAks24PKs; online abgerufen am 13.7.2024.

## Disziplin

»Trainer Streich schwärmt von Ronaldos ›schönen Muskeln‹«; *welt.de*; https://www.welt.de/sport/fussball/article169994089/Trainer-Streich-schwaermt-von-Ronaldos-schoenen-Muskeln.html; online abgerufen am 14.7.2024.

»SC Freiburg: Best of Christian Streich 2012 bis 2024«; *youtube.com*; https://www.youtube.com/watch?v=sDLBBO65ND0; online abgerufen am 14.7.2024.

»›Kann ein Christiano Ronaldo noch zum Frisör gehen?‹«; *youtube.com*; https://www.youtube.com/watch?v=Wa5IGX8Zq94; online abgerufen am 14.7.2024.

## Streich will aufs Konzert

»SC Freiburg: Best of Christian Streich 2012 bis 2024«; *youtube.com*; https://www.youtube.com/watch?v=sDLBBO65ND0; online abgerufen am 14.7.2024.

»›Habe so ein Spiel noch nie erlebt‹ – Christian Streich fassungslos | Gladbach – Freiburg 0:6«; *youtube.com*; https://www.youtube.com/watch?v=0KftFwr3HOs; online abgerufen am 14.7.2024.

»Borussia Mönchengladbach – SC Freiburg«; *fussballdaten.de*; https://www.fussballdaten.de/bundesliga/2022/14/mgladbach-freiburg/; online abgerufen am 14.7.2024.

## Der Bundespräsident

»SC Freiburg: Best of Christian Streich 2012 bis 2024«; *youtube.com*; https://www.youtube.com/watch?v=sDLBBO65ND0; online abgerufen am 14.7.2024.

Carsten Schröter-Lorenz: »Freiburgs Trainer nach dem Mainz-Spiel in die Bundesversammlung. Streichs Plan: Gewinnen, Leute treffen, Bundespräsident wählen, Freude haben«; *kicker.de*; https://www.kicker.de/streichs-plan-gewinnen-leute-treffen-bundespraesident-waehlen-freude-haben-889650/artikel; online abgerufen am 14.7.2024.

»SC Freiburg – 1. FSV Mainz 05«; *fussballdaten.de*; https://www.fussballdaten.de/bundesliga/2022/22/freiburg-mainz/; online abgerufen am 14.7.2024.

von Ines Alberti: »Bundesversammlung: Diese Prominenten wählen den Bundespräsidenten«; *fr.de*; https://www.fr.de/politik/welche-prominenten-waehlen-bundespraesidenten-bundesversammlung-leon-goretzka-christian-drosten-angela-merkel-91261345.html; online abgerufen am 14.7.2024.

Artikel »Liste der Nobelpreisträger für Chemie«; *wikipedia.org*; https://de.wikipedia.org/wiki/Liste_der_Nobelpreistr%C3%A4ger_f%C3%BCr_Chemie; online abgerufen am 14.7.2024.

## Urgestein

»Streich-Interview: Totale Verwirrung«; *sport1.de*; https://www.sport1.de/news/fussball/bundesliga/2024/05/bundesliga-kurioser-interview-moment-um-christian-streich-bei-sky; online abgerufen am 13.7.2024.

»Streich-Nachfolge geklärt. Schuster wird Trainer beim SC Freiburg«; *zdf.de*; https://www.zdf.de/nachrichten/sport/fussball-bundesliga-trainer-sc-freiburg-streich-schuster-100.html; online abgerufen am 12.7.2024.

»Christian Streich – Ende einer Ära«; *ardmediathek.de*; https://www.ardmediathek.de/video/christian-streich-ende-einer-aera/christian-streich-ende-einer-aera/swr/Y3JpZDovL3N3ci5kZS9hZXgvbzIwNTI0NTQ; online abgerufen am 14.7.2024.

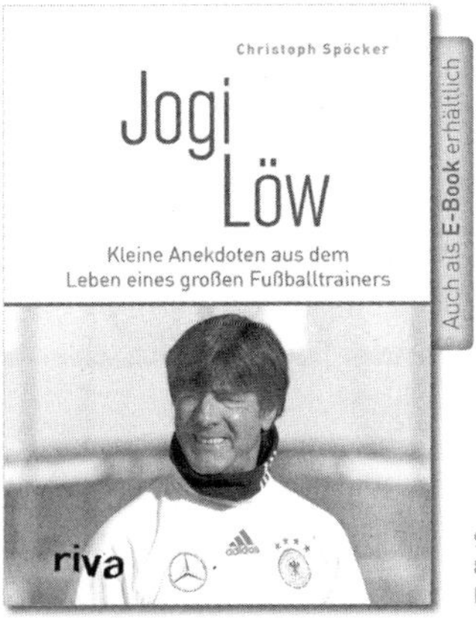


96 Seiten
8,00 € (D) | 8,30 € (A)
ISBN 978-3-7423-1924-1

Christoph Spöcker

**Jogi Löw**

Kleine Anekdoten aus dem Leben eines großen Fußballtrainers

Seit Juli 2006 trainiert Joachim »Jogi« Löw die deutsche Nationalmannschaft. Sein größter Triumph ist bislang der Gewinn der Weltmeisterschaft 2014 in Brasilien, wodurch er Millionen von Fußballfans für immer in Erinnerung bleiben wird. Vier Jahre später scheiterte er beim Versuch der Titelverteidigung bereits in der Vorrunde. Jogi Löw steht für die Idee vom schönen Spiel, für außerordentliche Expertise, für Stil und Charisma. Doch bisweilen ist er stur und unzugänglich für Kritik. Es sind die Widersprüche eines starken Typs, der zum Welttrainer wurde.

Mit welchem taktischen Kniff ebnete er den Weg zum WM-Triumph? Was darf als die schwierigste Entscheidung seiner Amtszeit gelten? Wer sind Jogis Lieblingsspieler? Was ist das Geheimnis seines schönen Haars? Dieses Büchlein blickt auf diese und viele weitere Anekdoten aus der Ära des »symbadischen« Fußballtrainers zurück.

riva

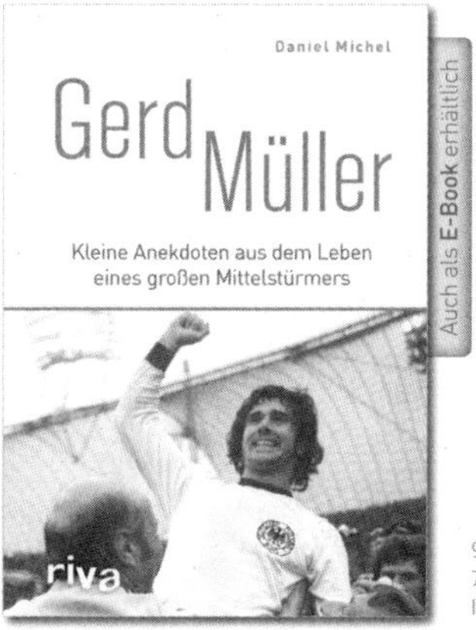


96 Seiten
7,99 € (D) | 8,30 € (A)
ISBN 978-3-7423-1226-6

Daniel Michel

**Gerd Müller**

Kleine Anekdoten aus dem Leben eines großen Mittelstürmers

Sage und schreibe 68 Tore in 62 Länderspielen, knapp 400 Treffer in der Bundesliga. Gerd Müller, der »Bomber der Nation«, traf immerzu, auch doppelt und gern dreifach und aus allen Lagen – sei es mit links oder rechts, mit dem Kopf, dem Bauch, dem Knie, aus der Drehung oder im Liegen. Ein begnadeter Mittelstürmer mit verblüffender Körperbeherrschung und einem tödlichen Torinstinkt.

Warum ignorierte Müllers erster Trainer beim FC Bayern diesen Jahrhundertstürmer? Wo lernte der »Bomber« seine spätere Ehefrau kennen? Was war sein Betriebsgeheimnis beim Torabschluss? Anekdoten aus einem ebenso erfolgreichen wie tragischen Leben.

riva